W0306052

Hitthaller | Ruso | Meidlinger

Gut für mich – gut für dich
Richtig essen in der Stillzeit

Richtig essen von Anfang an!

Richtig essen von Anfang an!

Die Wichtigkeit einer ausgewogenen Ernährung schon während der Schwangerschaft und von frühester Kindheit an ist heutzutage wissenschaftlich unumstritten. Die Ernährung von Schwangeren und Stillenden kann dabei unter anderem das Essverhalten des Kindes wesentlich prägen. Daher ist es wichtig, sowohl das Ernährungsverhalten der Mutter und des Kindes als auch das Nahrungsangebot für Kinder zu optimieren. Ernährungsdefizite, die während der Schwangerschaft und im Kleinkindalter erworben werden, lassen sich im späteren Leben nur sehr schwer wieder ausgleichen.

Ein gesunder Lebensstil beginnt bereits im Mutterleib und setzt sich in der Stillzeit fort – nur so kann der bestmögliche Start ins Leben gewährleistet werden.

Zur Förderung einer ausgewogenen Ernährung sowie als praktischer Ratgeber für einen gesunden Lebensstil wurde vom Hauptverband der österreichischen Sozialversicherungsträger, der Österreichischen Agentur für Gesundheit und Ernährungssicherheit GmbH (AGES) und dem Bundesministerium für Gesundheit (BMG) im Jahr 2008 das Programm „Richtig essen von Anfang an!" ins Leben gerufen. Im Fokus des Programms stehen Schwangere, Stillende und Kinder bis drei Jahre. Im Rahmen des Programms wurden gemeinsam mit Experten und Expertinnen im Bereich Kindergesundheit und Ernährung einheitliche österreichische Empfehlungen für die Ernährung im ersten Lebensjahr entwickelt. Die Broschüre „Richtig essen von Anfang an! – Babys erstes Löffelchen" kann von der Homepage www.richtigessenvonanfangan.at kostenlos downgeloadet werden. Sie ist auch in den Sprachen Türkisch und Bosnisch/Kroatisch/Serbisch erhältlich.

Die Workshops „Ernährungsberatung in der Schwangerschaft, Stillzeit und im Beikostalter", die, finanziert durch die Vorsorgemittel der Bundesgesundheitsagentur, in allen Bundesländern zur Umsetzung gebracht werden, sind ein weiterer wichtiger Baustein. In ganz Österreich erhalten Schwangere, Stillende sowie deren Angehörige kostenlos praktische Tipps und Hilfestellungen sowie aktuelle wissenschaftliche Erkenntnisse zum Thema Ernährung in der Schwangerschaft, Stillzeit und Ernährung im ersten Lebensjahr (Beikostalter).

Unter www.richtigessenvonanfangan.at finden Sie einen umfassenden Einblick in die Projektgeschehnisse.

Ariane Hitthaller
Petra Ruso
Bettina Meidlinger

Gut für mich – gut für dich

Richtig essen in der Stillzeit

maudrich

Info zur Benutzung der QR-Codes im Buch
Im Buch verlinken wir auf einige spannende Videos, auf die Du mittels QR-Code schnell zugreifen und Dir auf Deinem Smartphone ansehen kannst.
Um diese Codes auslesen zu können, musst du einen Reader auf Deinem Smartphone installieren. Es gibt mehrere QR-Code-Reader, wir empfehlen die App von Microsoft Tag: http://gettag.mobi

Weitere Informationen dazu siehe auch:
http://tag.microsoft.com/consumer/index.aspx

So weit es möglich ist, wurde im Text eine beide Geschlechter umfassende Ausdrucksweise verwendet. War dies nicht möglich oder dem Lesefluss abträglich, so wurde die weibliche Form stellvertretend für beide Geschlechter gewählt.

IMPRESSUM

Bildnachweis:
Victoria Posch, Esther Karner: 50, 63, 69, 71, 75, 77, 79, 81, 85, 91, 97, 99, 101, 109, 113, 121
istockphoto.com: 6, 8, 10, 19, 37, 39, 42, 50, 60
fotolia.de: 9, 15, 17, 21, 22, 27–29, 32, 40, 49, 51–55

Lektorat: Sabine Schlüter, Wien
Satz: Norbert Novak, MEDIA-*N*.at
Umschlagbild: © Rob Lewine/Tetra Images/Corbis

Druck: Ferdinand Berger & Söhne, Horn
Printed in Austria
ISBN 978-3-85175-984-6

INHALT

VORWORT

Liebe Mama,

warum bieten wir Dir noch ein Buch über das Stillen an?

Von frühester Kindheit an werden wir mit Informationen und guten Ratschlägen rund um das Thema Essen überschüttet. Viele von uns werden im Laufe des Lebens immer unsicherer, probieren dies und das. Diäten werden begonnen und abgebrochen, immer mehr von uns haben mit Übergewicht zu kämpfen. Wir verlieren den Kontakt zu unserem Körper, obwohl er uns eigentlich von Anfang an mitteilt, was er braucht.

Seit 2008 gibt es in Österreich das Programm „Richtig essen von Anfang an!". Im Rahmen dieses Programms werden unter anderem Workshops veranstaltet, in denen Schwangere und Jungmamis von den neuesten Erkenntnissen aus der Ernährungswissenschaft hören. Auch Väter und andere Familienmitglieder sind herzlich willkommen. Ziel ist es, schon während der Schwangerschaft zu erkennen und zu spüren, wie entscheidend eine ausgewogene Ernährung sein kann. Zahlreiche Mitarbeiterinnen wie Ärztinnen, Diätologinnen, Ernährungswissenschafterinnen und Hebammen werden durch das Projekt geschult, um einheitliches Wissen an die Frauen und Familien weiterzugeben, auch um ausgewogene Ernährung auf ein breites Fundament zu heben. Am liebsten wäre es uns, jede einzelne Schwangere in Österreich einmal im Gespräch zu haben!

Aber auch wenn Du nicht im Workshop warst, soll dieses Buch Dir helfen, auf Dein und Babys Essen großen Wert zu legen. Es soll Dich daran erinnern, dass Du während der Stillzeit wirklich „Extraenergien" aus hochwertigen Nahrungsmitteln brauchst, und es soll Dir den Alltag rund ums Kochen erleichtern!

Ausgewogenes Essen ist nicht nur einer kleinen Gruppe vorbehalten – so unsere tiefe innere Überzeugung. Auch wenn man „auf´s Geld schauen" muss, soll es möglich sein, sich und dem Baby das Beste zu gönnen. Das Beste ist nämlich nicht immer das Teuerste. Zurück zu unseren Wurzeln, auf unsere innere Stimme hören lernen – das ist unser Credo.

Und genau deshalb dieses Buch! Es liefert Dir die neuesten wissenschaftlichen Erkenntnisse alltagstauglich aufbereitet. Wir freuen uns, wenn es als schnelle, einfache, klare, umfassende, kleine oder große Hilfe im Alltag an Deiner Seite sein darf. Entweder bereits vor der Geburt oder dann, wenn Du Dein Baby in den Händen wiegst.

Finde zurück zu Deinen Fähigkeiten, Nahrung zu schmecken, zu riechen und auf ganz natürliche Art zu erkennen, was Dir und Deinem Baby gut tut! Genieße diese Zeit, halte inne, um möglichst viele Augenblicke bewusst zu genießen und Dir das Beste zu leisten ...

STILLEN – EINE BESONDERE ZEIT ...

Mit der Geburt Deines Babys beginnt ein völlig neues Leben. Du hast bereits während der Schwangerschaft für Dein Kind gesorgt. Jetzt willst Du natürlich auch weiterhin eine gute Basis für das neue Leben bieten:

Stillen ist ein natürlicher und – klar ausgedrückt – der beste Weg, um Dein Baby zu ernähren.

Stillen ist jene erste Nahrungsquelle, die unsere Natur vorgesehen hat.

Muttermilch bietet während der ersten Lebensmonate eine optimale Versorgung. Stillen muss heutzutage trotzdem oft „erlernt" werden – es ist eine Fähigkeit, die eigentlich in den meisten Kulturkreisen von Frau zu Frau auch oft innerhalb der Familien weitergegeben wird. Eine liebevolle, einfühlsame Betreuung unter anderem durch Familie und Freundinnen, Ärztinnen, Hebammen sowie Still- und Laktationsberaterinnen gibt Dir Sicherheit. Wenn der Stillbeginn schwierig ist oder während der Stillzeit Probleme auftreten, ist es wichtig, dass Du Dir fachkundigen Rat einholst, um das Stillen nicht vorzeitig beenden zu müssen.

Muttermilch schmeckt immer anders

Wissenschafter sind auf eine exklusive Besonderheit der Muttermilch gestoßen: Geruchs- und Geschmacksstoffe aus dem Essen der Mutter gehen unterschiedlich schnell in die Milch über. So bekommen Babys bei jedem Stillen ein „Menü" mit jeweils anderem Geschmack und prägen ihren Geschmackssinn dadurch schon sehr früh.

Obwohl seit Jahrzehnten geforscht wird und sich die Industrie redlich bemüht, die Muttermilch zu imitieren, ist es nicht gelungen, einen 100%igen Ersatz zu produzieren. Dennoch sind Säuglingsmilchnahrungen, wenn man nicht stillen kann, will oder darf, in ihrer Zusammensetzung auf die Bedürfnisse von gesunden Säuglingen abgestimmt und gesetzlich streng geregelt.

Was kann Muttermilch?

Unmittelbar nach der Geburt produziert Dein Körper in den Milchdrüsen Kolostrum („Vormilch"). Diese gelbe, konzentrierte Flüssigkeit ist voll mit Antikörpern, die Deinem Baby zur Infektionsabwehr und zur Stärkung des Immunsystems dienen. Kolostrum regt aber auch den Abgang des Mekoniums (des sogenannten „Kindspechs", den ersten Stuhl Deines Babys) an.

Über „reife Muttermilch" verfügst Du erst einige Tage nach der Entbindung.

Muttermilch bietet unter anderem folgende Vorteile:

* immer die richtige Temperatur
* immer die richtige Menge und Zusammensetzung
* immer den Bedürfnissen angepasst
* gut verträglich und leicht verdaulich
* immer sauber und arm an Keimen
* jederzeit verfügbar

... und vieles mehr.

WISSENSBOX

* Stillen ist das Beste für Mami und Baby. Laufende Studien bestätigen die Vorteile für die Gesundheit beider.
* Neben der optimalen Nährstoffzusammensetzung enthält Muttermilch zahlreiche Bestandteile zur Abwehr von Krankheitserregern (immunologische Stoffe) sowie sogenannte bioaktive Substanzen (Enzyme, Hormone, Leukozyten, Laktoferrin, entzündungshemmende Faktoren). All diese Inhaltsstoffe unterstützen und fördern die Entwicklung des Verdauungs- bzw. Immunsystems Deines Babys.
* Studien zeigen, dass gestillte Babys seltener an Magen-Darm-Infektionen, Mittelohrentzündungen oder Harnwegsinfektionen erkranken. Außerdem werden gestillte Kinder im späteren Leben seltener stark übergewichtig und entwickeln seltener Asthma und Ekzeme.
* Auch Dir als Mutter hilft das Stillen. Dein Risiko für Brustkrebs und Eierstockkrebs wird dadurch verringert. Zusätzlich fördert das Stillen die Bildung des Hormons Oxytocin, das unter anderem die Milchbildung und die Rückbildung der Gebärmutter begünstigt. Es stärkt außerdem die Bindung zwischen Dir und Deinem Baby. Stillen hilft auch bei einer natürlichen Gewichtsstabilisierung bzw. Gewichtsreduktion nach der Geburt.

Stillen – der seelische Starkmacher

Muttermilch versorgt Dein Baby nicht nur mit Nahrung. Durch das Stillen förderst Du auch die Entwicklung einer guten Mutter-Kind-Beziehung. Durch den intensiven Körperkontakt schaffst Du die Basis für eine dauerhafte, einzigartige Beziehung zwischen Dir und Deinem Baby. Die Bindungsentwicklung wird auch als „Bonding" bezeichnet; sie beginnt beim ersten Hautkontakt nach der Geburt. Die Verbundenheit mit den Eltern gibt dem Baby Sicherheit und Vertrauen.

Wann reicht Muttermilch alleine nicht mehr aus?

Ausschließliches Stillen ist die optimale Ernährung für das Baby während der ersten Lebensmonate.
Wenn Du Dein Baby ausschließlich stillst, braucht es unter normalen Bedingungen auch keine zusätzlichen Getränke. Lediglich im Krankheitsfall kann das in speziellen Fällen notwendig sein. In solchen Fällen hilft immer der Kinderarzt, bei dem Ihr – Du und Dein Baby – in den besten Händen seid.
Mit Beikost solltest Du, je nach Entwicklung Deines Kindes, in etwa um den 6. Lebensmonat, nicht jedoch vor Beginn des 5. Monats (17. Lebenswoche) und nicht nach Ende des 6. Monats (26. Lebenswoche) anfangen. Jedes Baby ist anders. Wann Dein Kind so weit ist, mit der Beikost zu beginnen, zeigt es Dir durch verschiedene Reifezeichen (siehe Grafik nächste Seite).

Entwicklung des Kindes

Vergessen Sie nicht, jedes Kind ist anders. Die Übersicht ist eine Orientierungshilfe.

Entwicklungs-phasen	Neugeborenes	Sitzen mit Unterstützung	Selbständiges sitzen	Krabbeln	Erste Schritte
Körperliche Fähigkeiten	· Kopf muss gestützt werden	· sitzt mit Unterstützung · liegt am Bauch und kann sich mit den Armen hoch drücken bis Ellenbogen durchgestreckt sind	· sitzt eigenständig · kann kleine Dinge aufheben und halten · greift nach Essen oder Löffel	· lernt zu krabbeln · versucht eigenständig zu stehen	· zieht sich hoch um zu stehen · kann selbstständig stehen · macht die ersten Schritte
Fähigkeiten für die Nahrungs-aufnahme	· Saug-Schluck-Atmen-Rhythmus während des Stillens bzw. der Flaschen-fütterung	· Ausspuckreflex nimmt ab · erkennt den Löffel und öffnet den Mund bei Annä-herung	· lernt Breie festerer Konsistenz im Mund zu lassen · versucht Essen mit der Faust zu umschließen und führt es zu sich heran · kann das Essen von einer in die andere Hand reichen · kann mit Unterstützung vom Becher trinken	· kann „Finger Food" essen · hält den Becher selbststän-dig · hält kleines Essen zwischen Daumen und Zeigefinger (Pinzettengriff)	· kann selbstständig mit den Fingern essen · kann mit dem Strohhalm trinken · kann den Becher mit zwei Hän-den alleine halten und trinken
Hunger- und Sättigungssi-gnale	· schreit, wenn es Hunger hat · bestaunt Bezugsperson, öffnet den Mund wäh-rend dem Füttern, gibt Anzeichen beim Wunsch weiterzutrinken · verweigert die Brustwarze, hört auf zu saugen oder schläft während des Trin-kens ein, wenn es satt ist	· bewegt den Kopf nach vorne um den Löffel zu erreichen, wenn es noch Hunger hat · schiebt dass Essen zum Mund, wenn es hungrig ist · lässt sich leicht ablenken oder dreht den Kopf zur Seite, wenn es satt ist	· bei Hunger wird nach Löffel oder Nahrung gegriffen · zeigt aufs Essen hin, wenn es hungrig ist · isst langsamer, hält Mund ge-schlossen oder spuckt Essen aus, wenn es satt ist	· bei Hunger wird nach Löffel oder Nahrung gegriffen · zeigt aufs Essen hin, wenn es hungrig ist · zeigt bei Hunger Freude, wenn das Essen kommt · isst langsamer oder schiebt das Essen zur Seite, wenn es satt ist	· bringt durch Laute oder Worte zum Ausdruck, wenn es nach einem Nahrungsmittel verlangt · schüttelt den Kopf um zu sig-nalisieren „nicht mehr", wenn es satt ist
Geeignete Lebensmittel	· Muttermilch oder Säug-lingsanfangsnahrung (SAN)	· Muttermilch oder SAN · Fein pürierte Nahrung	· Muttermilch oder SAN · grob pürierte und zerdrückte Nah-rung ohne spürbare Stückchen	· Muttermilch oder SAN · Geriebene, zerdrückte oder klein geschnittene Nahrung · Nahrung mit weicher Kon-sistenz · unterschiedliche Ge-schmacks-richtungen anbieten	· Muttermilch oder SAN · Feste Nahrung klein geschnit-ten, gewürfelt · Nahrung mit weicher bis mittel-harter Konsistenz · Nahrung unterschiedl. Zusam-mensetzung

Richtig essen von Anfang an!

Einen Überblick über die Ernährung Deines Babys im 1. Lebensjahr gibt Dir auch diese Grafik.

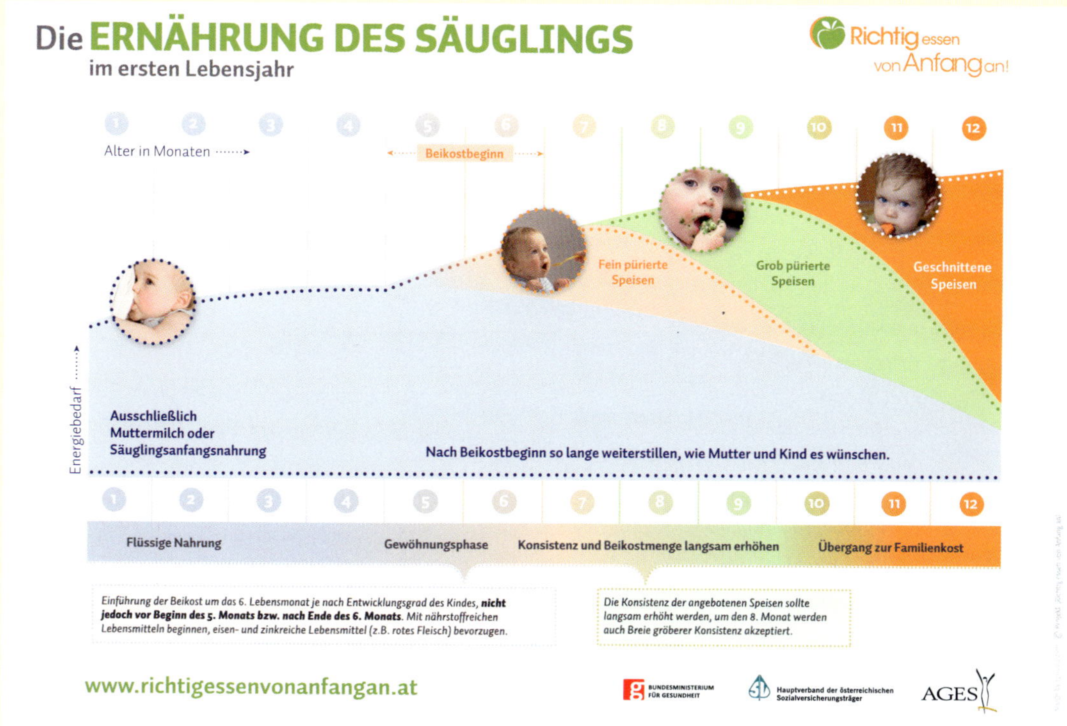

Weitere Informationen findest Du in der Broschüre „Babys erstes Löffelchen" des Programms „Richtig essen von Anfang an!" sowie in unseren kostenlosen Workshops „Ernährungsberatung in der Stillzeit und im Beikostalter" (nähere Informationen unter www.richtigessenvonanfangan.at).

Wenn Du Dir nicht ganz sicher bist, lass Dich von Deinem Kinderarzt beraten.

Weiterstillen während und nach dem Beikostbeginn ist unbedingt von Vorteil. Stille weiter, so lange Ihr – Du und Dein Baby – es wollt (auch bis ins 2. Lebensjahr und darüber hinaus).

Stress und Hektik – gehört das zwangsläufig dazu?

Nach der Geburt erlebst Du mit Deinem Baby eine Zeit, die sehr viel Neues mit sich bringt. Das kann wunderschön, manchmal aber auch sehr anstrengend sein und Verunsicherung auslösen. Es ist daher wichtig, einen gemeinsamen Rhythmus zu finden und die Prioritäten neu zu ordnen. Eine der häufigsten Fragen aller Frauen lautet: „Mache ich alles richtig und geht es meinem Baby auch gut?" Zusätzlich machen sich einige Mütter aber selbst Druck: Sie wollen noch immer den Haushalt perfekt meistern, den Rest der Familie zufriedenstellen und so schnell wie möglich wieder attraktiv und schlank sein. In den Medien sieht und liest man auch selten anderes. Manche Frauen machen sich darüber hinaus Sorgen, wie es mit der beruflichen Karriere weitergeht bzw. müssen aus finanziellen Gründen so schnell wie möglich wieder ins Arbeitsleben einsteigen. All das bedeutet Stress.

Erinnere Dich deshalb täglich daran, was in der Stillzeit am wichtigsten ist: Deine positive Stillerfahrung und das Stärken der Bindung zwischen Dir und Deinem Kind. Die Zeit vergeht sehr schnell, und für alles andere bleibt später auch noch Raum. Vertraue darauf, dass sich alles einspielen wird.

Beim ersten Baby ist das Stillen eine neue Aufgabe, die erst erlernt werden muss, bevor sie zur Gewohnheit wird und automatisch funktioniert. Das ist ganz normal. Auch wenn Stillen das Natürlichste auf der Welt ist, braucht es Übung. Gib Dir bitte Zeit! Unmittelbar nach der Geburt fühlen sich viele Mütter berechtigterweise verunsichert – alles ist neu, Tausende Informationen prasseln auf einen ein, und die „Urangst", das Baby nicht ausreichend versorgen zu können, kann blockieren. Ideal wäre es daher, sich schon vor der Geburt ausreichend Informationen einzuholen.

Tipp:

Lass Dir genügend Raum für das Stillen und ausreichend Zeit für jede Stillmahlzeit.

Je öfter Du stillst, desto relaxter und geübter wirst Du, und das Stillen wird bald auf ganz natürliche Weise funktionieren.

Erfahrungen zeigen, dass Männer einen großen Einfluss auf das Stillverhalten der Frauen haben. Auch bei Schwierigkeiten während der Stillzeit ist die Unterstützung des Partners ausschlaggebend für die Beibehaltung des Stillens. Wichtig ist, viel über Sorgen, Ängste und Zweifel sprechen zu können, und wichtig ist es, dass die Eltern zusammenhalten. Vor allem dann, wenn Frauen abpumpen und Papas während der Abwesenheit der Mama dem Baby zu essen geben.
Wenn Du Dich müde und ausgelaugt fühlst, hat das seinen Grund ... Lass Dich nicht entmutigen, sondern setz Deine Prioritäten neu. Das Wichtigste ist jetzt, dass es Dir und Deinem Baby gut geht. Wenn Du etwas nicht oder nur halb erledigen kannst, sei trotzdem zufrieden mit Dir. Mach, was Du leicht schaffst, und den Rest ein anderes Mal.
Jeder reagiert auf stressige Situationen anders. Es gibt Frauen, die in dieser Phase vielleicht auch etwas zunehmen, einfach weil sie häufiger snacken und als Belohnung zu „ungesünderen Dingen" greifen, ebenso wie es andere gibt, die dazu neigen, ihren Appetit zu verlieren und abnehmen. Gerade in stressigen Phasen ist eine ausgewogene und vitamin- und mineralstoffreiche Ernährung jedoch besonders wichtig, um Dir extra Kraft zu geben, ohne Dich zusätzlich durch schwere Speisen zu belasten. Wichtig ist auf alle Fälle, regelmäßig zu essen.

Überleg in einer ruhigen Minute, welche Stressfaktoren Dich aktuell beeinflussen können bzw. welche Du für den Moment akzeptieren musst. Manche Probleme lassen sich nicht gleich lösen. Lass Dir bei der Versorgung Deines Babys von Familie, Freunden oder Babysittern helfen oder hol Dir Unterstützung für den Haushalt. Auch manche Entspannungstechniken können wahre Wunder wirken und Dir helfen, mit stressigen Situationen viel gelassener umzugehen. Dabei ist es wichtig, herauszufinden, auf welche dieser Techniken Du gut reagierst. Das kann ein Spaziergang in der Natur sein, etwas entspannende Musik oder ein gutes Buch, ein Vollbad oder verschiedene Meditationstechniken bzw. Yoga. Die Zeit ist knapp, jede Mutter weiß das. Ein paar Minuten pro Tag für sich selbst wirken jedoch Wunder und helfen Dir, mit Gelassenheit und viel Kraft jede Situation gut zu meistern. Vielen Müttern helfen auch Imaginationen und tiefe Atemübungen durch den stressigen Alltag. Diese beiden Techniken lassen sich fast immer und überall anwenden. Ein guter Zeitpunkt dafür ist während des Stillens oder wenn das Baby gerade schläft.

Wenn Du Deinen Geist beruhigst, Dich zentrierst, überträgst Du diese Ruhe direkt auf Dein Baby. Die Stresshormone reduzieren sich. Meditieren macht weniger ängstlich oder depressiv. Du lernst durch Deinen

Atemübungen

Setz oder leg Dich dazu an einem bequemen Ort hin und beginne tief ein- und auszuatmen. Schalte das Telefon aus und lass Deine Familie vorher wissen, dass Du 15 bis 20 Minuten ungestört sein willst.
Zähl Deine Atemzüge und lass alle Spannungen in Deinem Körper los; das führt dazu, dass Du Gedanken, die Dich eventuell belasten, zur Seite schieben kannst. Auch wenn es nur fünf „Extra-Atem-Minuten" sind – Deine Gedanken können dabei zur Ruhe kommen und Dein Körper entspannt sich.

Imaginationen

In der zweiten Technik arbeitest Du mit gezielten Imaginationen. Dazu lass in Gedanken ein Bild von einem Ort entstehen, an dem Du Dich richtig wohl fühlst. Das kann ein Gebirgssee sein, eine Szene am Meer oder auch ein schöner Obstgarten. Stell Dir vor, wie Du entspannt an diesem Ort sitzt und alle Eindrücke rund um Dich herum genießt. Je öfter Du das machst, desto geübter wirst Du, und Du erschaffst Dir damit einen sicheren Ort, an dem Du jederzeit Ruhe finden kannst.

inneren Dialog, Dich zur Ruhe zu bringen und jeden Moment gegenwärtig zu leben. Fühlst Du Dich dennoch überfordert und verunsichert mit der neuen Situation, so sprich mit anderen Müttern, die diese Erfahrungen bereits erfolgreich gemeistert haben. Auch qualifizierte Still- und Laktationsberaterinnen sowie Hebammen helfen gerne weiter. In Österreich gibt es auch ein hervorragendes La-Lèche-Liga-Netzwerk – eine ehrenamtliche Mutter-zu-Mutter-Beratung. Erkundige Dich über weitere Angebote in Deiner Region. In Niederösterreich gibt es beispielsweise das Projekt Babycouch, das sehr unterstützend sein kann. Das sind regelmäßige Mutter-Baby-Treffs, bei denen viele Fragen behandelt und Unsicherheiten aus dem Weg geräumt werden können. Expertinnen und Experten beantworten dort regelmäßig verschiedenste Fragen rund um das Thema Baby. Es hilft unglaublich, wenn man sich in dieser Zeit mit jemandem austauschen kann.

Viele Mütter machen sich Sorgen, dass ihr Baby nicht genug trinkt. Man kann ja nicht direkt sehen, wie viel der Säugling tatsächlich aufgenommen hat. Ein Baby, das die Windel ca. 5–6 Mal nass macht, regelmäßigen Stuhlgang hat, innerhalb von 24 Stunden

Manchmal hört man Mütter sagen: „Meine Milch sieht dünn und wässrig aus". In weiterer Folge sind diese Mütter besorgt, dass ihre Milch nicht reichhaltig genug ist, um das Baby zu versorgen. Das ist aber nicht wahr. Muttermilch mag vielleicht dünn aussehen, doch sie ist vollgepackt mit allem, was das Baby braucht. Die Muttermilch ist zu Beginn einer jeden Stillmahlzeit laktosereich und dient vor allem zum Stillen des Durstes. Erst nach ein paar Minuten wird sie fettreicher und macht Dein Baby satt. Dein Baby bekommt also in der Regel genug Nahrung. Es besteht kein Grund zur Sorge, insbesondere weil Du mit Deinem Kind ja auch regelmäßige Arztbesuche machst.

ca. 8 Mal gefüttert wird, gesund aussieht und agiert und zudem eine normale Gewichtsentwicklung aufweist, bekommt in der Regel genug. Das sind aber nur grobe Richtwerte; jedes Baby ist anders. Es ist auch möglich und normal, dass gestillte Kinder langsamer wachsen als jene, die mit Säuglingsmilchnahrung ernährt werden.
Die Zusammensetzung der Muttermilch ändert sich im Laufe der Stillmahlzeit und ist auch von Stillmahlzeit zu Stillmahlzeit verschieden. Das passiert durch eine natürliche Antwort auf die Ernährungsbedürfnisse des Kindes und mit Rücksicht auf dessen Entwicklungsgrad. Zudem sind gestillte Kinder in der Lage, ihre Nahrungsaufnahme besser zu kontrollieren und können auch in späteren Jahren durch ein gut ausgebildetes Hunger-Sättigungs-System ihre Energieaufnahme besser managen.

Wann darf nicht gestillt werden?

Aus medizinischer Sicht gibt es nur wenige Gründe, auf das Stillen zu verzichten bzw. vorzeitig damit aufzuhören. Vielmehr schützt das Stillen bei vielen akuten Erkrankungen das Baby vor der Erkrankung bzw. mildert ihren Verlauf, weil die Mutter Schutzstoffe bildet, die über die Milch an das Kind abgegeben werden. Auch bei der Einnahme vieler Medikamente besteht keine Notwendigkeit, abzustillen. Viele mütterliche Erkrankungen können in der Stillzeit ohne Stillunterbrechung behandelt werden. Trotzdem dürfen Medikamente nur nach Rücksprache mit einem Arzt oder Apotheker eingenommen werden. Falls das Abstillen wirklich nötig sein sollte, wird die Gynäkologin oder Kinderärztin darauf hinweisen.

Welche Säuglingsmilchnahrung ist die richtige?

Falls Du nicht stillen kannst, willst oder darfst, ist industriell hergestellte Säuglingsmilchnahrung die beste Alternative. Achte bei der Verwendung von Säuglingsmilchnahrung aber immer auf die richtige Zubereitung!

Pre-Nahrung (Säuglingsanfangsnahrung) ist am besten an die Nährstoffzusammensetzung der Muttermilch angepasst und sollte im gesamten 1. Lebensjahr bevorzugt verwendet werden. Pre-Nahrung hat einen geringeren Eiweißgehalt und eine bessere Fettsäurezusammensetzung als andere Flaschennahrungen. Außerdem enthält sie – so wie die Muttermilch – nur Milchzucker als Kohlenhydrat und ist daher dünnflüssig. Babys dürfen Pre-Nahrung nach Bedarf trinken.

Es besteht keine Notwendigkeit, von einer Pre-Nahrung auf eine 1er- oder 2er-Nahrung umzusteigen. **Besser ist es also, bei der Pre-Nahrung zu bleiben.**

1er-Nahrung ist weniger gut an die Muttermilch angepasst als Pre-Nahrung. Im Vergleich zu Pre-Nahrung enthält 1er-Nahrung zusätzlich etwas Stärke, schmeckt daher süßer und ist sämiger.

2er-Nahrung (Folgenahrung) ist nicht an die Bedürfnisse eines Neugeborenen angepasst und daher nicht für die Ernährung von Geburt an geeignet. Wenn 2er-Nahrung überhaupt verwendet wird, dann darf sie frühestens nach 6 Monaten gegeben werden.

1er- und 2er-Nahrung muss entsprechend den Angaben und Dosierungsempfehlungen laut Verpackung verabreicht werden und darf keinesfalls nach Bedarf gefüttert werden, um einer Überernährung oder der Entwicklung von Übergewicht vorzubeugen.

HA-Nahrung

HA steht für „hypoallergen", das heißt „weniger allergieauslösend".
Liegt bei Dir, dem Papa oder den Geschwistern Deines Babys eine allergische Erkrankung vor, solltest Du Deinem Baby, falls Du nicht stillst, eine HA-Nahrung geben. Nach dem ersten Lebenshalbjahr schützt diese Nahrung Dein Baby aber nicht mehr vor Allergien. Daher kannst Du dann auf „Pre-Nahrung" umsteigen. Lass Dich von einer Kinderärztin beraten.

Achtung

Verwende Säuglingsnahrungen mit Soja-Eiweiß sowie andere sogenannte „Spezialnahrungen" nur auf den ausdrücklichen Rat der Kinderärztin. Diese Nahrungen sind nur für besondere medizinische Zwecke bestimmt.
Von der Verwendung selbst hergestellter Nahrung auf Pflanzen- oder Tiermilchbasis (z. B. Mandel-, Reis-, Kuh-, Ziegen-, Stuten- oder Schafmilch) als Muttermilchersatz wird dringend abgeraten. Diese können zu schweren Gedeih- und Entwicklungsstörungen führen.

Milchfertignahrung richtig zubereiten

Bereite Säuglingsnahrung auf Milchpulverbasis immer entsprechend der Anleitung auf der Verpackung zu. Beachte dabei auch Folgendes:

- Fläschchen, Sauger sowie alle verwendeten Utensilien gut reinigen und möglichst auskochen
- Wasser abkochen und die Milchnahrung laut Packungsanleitung zubereiten
- Nahrung immer frisch zubereiten
- Reste wegwerfen
- Kein Warmhalten der zubereiteten Nahrung über mehr als eine Stunde, z.B. in Thermobehältern oder im Flaschenwärmer; dadurch wird die Vermehrung von Bakterien verhindert, die auch über Haushaltsgegenstände in die Nahrung eingebracht werden können
- Für unterwegs abgekochtes Wasser mitnehmen und evtl. auskühlen lassen oder mit kaltem Wasser (abgekocht und abgekühlt) mischen

* Auf die Wasserqualität achten; wenn Wasser über längere Zeit in Leitungen gestanden ist, mehrere Minuten ablaufen lassen – wenn möglich so lange, bis das Wasser gleichbleibend kühl aus der Leitung rinnt
* Das Erhitzen von fertigen Fläschchen in der Mikrowelle vermeiden; falls keine andere Möglichkeit besteht, ausreichend schütteln und die Temperatur am inneren Handgelenk bzw. an der Wange prüfen

Weiterführende Informationen findest Du im Folder „Säuglingsnahrung auf Milchpulverbasis“ der AGES (Österreichischen Agentur für Gesundheit und Ernährungssicherheit GmbH), den Du auf der Website www.ages.at kostenlos downloaden kannst.

Tipp:
Wenn Du Deinem Baby das Fläschchen gibst, achte auf eine ruhige Atmosphäre und intensiven Hautkontakt. Wechsle dabei wie beim Stillen die Seite. Kinder, die ein Fläschchen bekommen, müssen oft warten, bis die Nahrung fertig ist. Um Stress zu vermeiden, kannst Du mit dem Baby sprechen, es ansehen und wiegen. Trag es viel an Deinem Körper; Babys können im Abstand von der Brust zum Gesicht der Mama schon sehr scharf sehen.

DIE ERNÄHRUNG DER STILLENDEN MUTTER

Es geht zu Hause drunter und drüber. Für den Haushalt bleibt eigentlich keine Zeit, weil Du so damit beschäftigt bist, das Baby zu versorgen. Einkaufen und Kochen lassen sich nur mit Mühe in den Alltag integrieren, und so vergisst Du vielleicht selbst zu essen. Nimm Dir Zeit! Kleine Zwischenmahlzeiten und rasch verfügbare Speisen (wie z. B. Brot, Obst …) helfen, den Energiehaushalt auszugleichen und Dir wieder den nötigen Kick zu geben. Essen soll ganz besonders in der Stillzeit Freude machen!

Wie viel Energie brauchst Du wirklich?

Um Milch produzieren zu können, benötigt Dein Körper in der Stillzeit etwas mehr Energie als vor oder während der Schwangerschaft. Wenn Du Dein Baby ausschließlich stillst, sind es in etwa zusätzlich 525 bis 635 kcal pro Tag. Wenn Dein Baby bereits Beikost bekommt und Du nur noch teilweise stillst, liegt der zusätzliche Energiebedarf bei rund 285 kcal pro Tag (dies ist jedoch abhängig davon, wie viele Stillmahlzeiten Dein Baby noch bekommt). Die Kalorienangaben sind aber lediglich Durchschnittswerte. Der tatsächliche Bedarf ist von Frau zu Frau verschieden.

Um herauszufinden, welche Kalorienmenge Dein Körper braucht, kannst Du Dich an Deinem eigenen Gewicht orientieren. Wenn Du Dein Gewicht hältst bzw. langsam abnimmst, passt die Kalorienzufuhr für Dich persönlich gut. Jetzt ist nicht der richtige Zeitpunkt, Deine Kalorienaufnahme streng zu kontrollieren. Das Wichtigste ist eine ausgewogene und abwechslungsreiche Ernährung, bei der auf die Qualität der Nahrungsmittel und Speisen geachtet wird.

Du kannst Dir je nach Gusto und Zeit Deine Mahlzeiten auch mithilfe unserer Rezeptideen zusammenstellen oder auf unsere Tagespläne zurückgreifen. Diese können bei der Planung helfen und den Alltag erleichtern. Nimm vor allem Gemüse und Obst sowie Vollkornprodukte, Milch und Milchprodukte zu Dir, um Deinen Mehrbedarf an Energie zu decken. Eine abwechslungsreiche Kost versorgt Dich auch ausreichend mit allen Nährstoffen.

In den nachfolgenden Tabellen geben wir Dir ein paar Beispiele dafür, was Du zusätzlich essen kannst, um Deinen Mehrbedarf zu decken.

BEISPIELE FÜR AUSSCHLIESSLICHES STILLEN (CA. 525–635 KCAL MEHRBEDARF PRO TAG):

Beispiel 1	1 Scheibe Vollkornbrot mit 2 Scheiben (fettarmem) Käse und 2 Tomaten + 1 Schüssel Müsli mit Joghurt und frischen Früchten (z. B. Apfel und Beeren)
Beispiel 2	2 Scheiben Vollkornbrot mit Käse, Schinken und ¼ Gurke + 1 Apfel + 1 kleine Handvoll Nüsse (z. B. Walnüsse)
Beispiel 3	1 Vollkornweckerl mit Hüttenkäse, 2 Karotten und ½ Paprika + 1 Packung Buttermilch (½ Liter) + 1 Banane und 125 g Erdbeeren

AUS UNSEREN REZEPTEN:

Beispiel 4	1 Portion Gemüsesuppe + 1 Portion Ofengemüse mit Tsatsiki, Rosmarin und Vollkornbrot
Beispiel 5	1 Portion Lachs mit Lauch und Ofenkartoffeln
Beispiel 6	1 Portion Couscoussalat mit Halloumi und weißen Bohnen

BEISPIELE FÜR TEILWEISES STILLEN (CA. 285 KCAL MEHRBEDARF PRO TAG):

Beispiel 1	1 Scheibe Vollkornbrot mit Gemüseaufstrich + 1 Schüssel Fruchtsalat mit Nüssen
Beispiel 2	1 Schüssel Müsli mit Milch und frischen Früchten
Beispiel 3	1 Scheibe Vollkornbrot mit Gemüse-Topfen-Aufstrich + 1 Glas Buttermilch (200 ml) + 1 Birne

AUS UNSEREN REZEPTEN:

Beispiel 4	1 Portion Gemüsesuppe + 1 Portion Joghurtshake
Beispiel 5	1 Portion Bananenfrappé
Beispiel 6	1 Portion Salade niçoise mit gebratener Forelle

Wie sieht eine ausgewogene Ernährung während der Stillzeit aus?

Im Praxisteil findest Du viele nützliche Tipps und Tricks, die Dir helfen, die passende Ernährung gut und einfach in Deinen Alltag einzubringen.
Lass uns aber zunächst mit ein bisschen Theorie beginnen:
Prinzipiell ist es für die Zusammensetzung der Muttermilch wichtig, auf die Aufnahme von Lebensmitteln zu achten, die reich an Omega-3-Fettsäuren sowie Vitaminen und Mineralstoffen sind. Die gute Neuigkeit ist, dass, auch wenn Deine Ernährung nicht optimal ist, Dein Körper es schafft, nährstoffreiche Milch zu produzieren. Strebe das aber bitte nicht an, denn eine sehr einseitige und unausgewogene Ernährung kann negative Auswirkungen haben. Mamis, die sich nicht ausgewogen ernähren, fühlen sich eher müde und gestresst und beenden das Stillen daher manchmal früher als geplant.
Unsere Nahrungsmittel enthalten prinzipiell drei Hauptenergielieferanten: Kohlenhydrate, Fett und Eiweiß. Diese sollten dem Körper in unterschiedlichen Mengen zugeführt werden. Mindestens die Hälfte der aufgenommenen Energie sollte aus Kohlenhydraten, ca. ein Drittel aus Fett und der Rest aus Eiweiß bestehen.
Dabei gilt wie so oft: Qualität vor Quantität. Fett ist nicht gleich Fett, und auch bei Eiweiß und Kohlenhydraten kommt es darauf an, in welcher Form wir sie zu uns nehmen.

Bedarf an ausgewählten Vitaminen und Mineralstoffen

Neben dem bereits erwähnten erhöhten Energiebedarf braucht Dein Körper in der Zeit des Stillens aber auch mehr Vitamine und Mineralstoffe.

WISSENSBOX: OMEGA-3-FETTSÄUREN

* Zahlreiche Studien haben einen Zusammenhang zwischen der Aufnahme von Fisch durch die Mutter während ihrer Schwangerschaft und Stillzeit (bzw. der Aufnahme an Ölen, die reich an Omega-3-Fettsäuren sind) und der Entwicklung von Gehirn und Augen beim Säugling beobachtet.
* Aber auch für die stillende Mutter haben Lebensmittel, die reich an Omega-3-Fettsäuren sind, eine ganz besondere Bedeutung. Zu jenen Nahrungsmitteln zählen unter anderem Fische – Lachs, Hering oder (Lachs-)Forelle – und pflanzliche Öle – Raps-, Soja-, Walnuss- und Leinsamenöl sowie Walnüsse.

;ohlenhydrate – Basis einer ausgewogenen :rnährung

er Großteil unserer Energieaufnahme sollte über Koh-:nhydrate erfolgen. Zu den Kohlenhydraten zählen ein-ıche Zucker und zuckerhaltige Lebensmittel, aber auch omplexere Kohlenhydrate, wie wir sie in Gemüse und bst bzw. Getreide und Hülsenfrüchten finden. Natürlich at es sich schon herumgesprochen, dass wir gerade ei einfachem Zucker und zuckerhaltigen Nahrungs-ıitteln sparsamer zugreifen sollen. Zu den komplexe-:n Kohlenhydraten zählen auch die Ballaststoffe. Und iese Gruppe ist für Dich besonders bedeutsam. Viele rauen leiden nach dem Wochenbett unter Verstopfung. allaststoffe helfen, die Verdauung zu regulieren. Bitte enk immer daran, genügend zu trinken, damit die Bal-ıststoffe quellen können!

esonders empfehlenswert sind vor allem Vollkorn-rodukte wie Vollkornbrot, Vollreis, Vollkornteigwaren ıd Getreideflocken sowie Hülsenfrüchte, Kartoffeln, emüse, Obst und Leinsamen, am besten geschrotet.

Fett – ein bedeutender Energielieferant

Fett liefert annähernd doppelt so viel Kalorien wie die gleiche Menge an Kohlenhydraten oder Eiweiß. Neben der Funktion als Energielieferant ist Fett aber auch als Träger von Geschmacks- und Aromastoffen bekannt und versorgt uns mit essenziellen (= lebensnotwendigen) Fettsäuren.

Daher ist es besonders wichtig, auf die Qualität des aufgenommenen Fetts zu achten.

Ganz allgemein essen wir in unseren Breitengraden sehr fettreich und nehmen dazu noch bevorzugt tierische Fette aus Fleisch, Wurst, fettreichen Milchprodukten, Pasteten etc. zu uns. Dabei bleiben die so wertvollen pflanzlichen Fette und Fett aus Fisch, die uns hochwertige Fettsäuren liefern, häufig auf der Strecke.

;iweiß – ein wichtiger Baustoff für den Körper

ein Körper braucht Eiweiß als Baustein für wichtige körpereigene Strukturen wie Muskeln, Organe, Knochen, Bindege-ebe, Haut, Antikörper, Enzyme und einige Hormone. Für die körpereigene Milchproduktion braucht Dein Körper etwas ıehr Eiweiß, das Du leicht über die Ernährung zuführen kannst. Es ist wichtig, auf eine gute Eiweißqualität in den Mahl-:iten zu achten. Natürlich kannst und sollst Du die Lebensmittel auch kombinieren. Es ist nicht schwierig, diesen Mehr-:darf an Eiweiß zu decken. Bau Nahrungsmittel wie Milch und Milchprodukte, Fisch, Fleisch, Geflügel und Eier sowie ülsenfrüchte in Deinen Speiseplan ein.

ılls Du Dich vegetarisch oder vegan ernährst, musst Du etwas mehr auf Deine Eiweißaufnahme achten. Wenn Du nicht ıf die nötige tägliche Eiweißmenge kommst, entnimmt Dein Körper das Eiweiß, das er für die Milchbildung benötigt, einem Muskelgewebe. Auf den Eiweißgehalt der Muttermilch wirkt sich eine unausgewogene Ernährung aber nur :ringfügig aus.

enerell wird aber sehr eiweißreich gegessen, sodass ein Eiweißmangel unwahrscheinlich ist. Viele eiweißreiche Nah-ıngsmittel enthalten auch andere wichtige Nährstoffe wie etwa Kalzium, Eisen und Zink.

n wenig Zurückhaltung ist bei eiweißreichen Lebensmitteln aus tierischer Herkunft anzuraten, weil diese auch einen öheren Anteil an gesättigten Fettsäuren aufweisen können. Du kannst tierisches Fett aber reduzieren, indem Du bei-pielsweise die Haut von Huhn und Pute entfernst, das sichtbare Fett von Fleisch und Schinken wegschneidest und bei ilchprodukten auf fettarme Varianten umsteigst.

Schau auf den Fisch

Fettreiche Fische, insbesondere langlebige Raubfische, weisen häufig einen höheren Gehalt an Methylquecksilber auf. Versuch daher während der Schwangerschaft und Stillzeit auf Thunfisch, Schwertfisch, Heilbutt, Hecht sowie Haifisch, Königsmakrele und Ziegelfisch zu verzichten.

Viele beliebte Fischarten können jedoch gegessen werden. Dazu zählen Lachs, Hering, (Lachs-)Forelle, Seelachs, Saibling und viele mehr.

Greif ruhig auch einmal zu tiefgefrorenem Fisch. Dieser schmeckt köstlich, wenn er frisch angebraten oder im Rohr gegrillt wird. Achte darauf, dass die Kühlkette nicht unterbrochen wird. Einmal aufgetaut, sollte der Fisch unbedingt sofort verarbeitet und nicht nochmals eingefroren werden.

Generell ist auf eine sorgfältige Küchenhygiene zu achten.

Tipps zur Hygiene und einem sicheren Umgang mit Lebensmitteln:

- Regelmäßiges, gründliches Händewaschen vor und nach der Zubereitung von Speisen, nach dem Kontakt mit Tieren und nach dem Toilettenbesuch
- Obst, Gemüse und Salate gründlich waschen
- Verwendung sauberer Handtücher, evtl. Einmalhandtücher zum Trocknen der Hände
- Schwamm- und Küchentücher regelmäßig austauschen
- Zubereitung von Fleisch, rohen Eiern und rohem Gemüse auf unterschiedlichen, möglichst glatten Arbeitsflächen
- Sorgfältige Reinigung von Küche und Arbeitsflächen
- Zur Vermeidung von Kreuzkontaminationen im Kühlschrank rohe Lebensmittel getrennt von verzehrfertigen Lebensmitteln lagern
- Kühlschränke regelmäßig reinigen
- Kühlkette nicht unterbrechen und Kühlschrank- bzw. Gefriertemperatur regelmäßig überprüfen
- Auf das Verbrauchs- und Mindesthaltbarkeitsdatum sowie auf die Lagerungsbedingungen achten. Diese Angaben findest Du auf der Verpackung. Auch Lebensmittel mit längeren Ablauffristen sollten nach dem Öffnen der Verpackung rasch verzehrt/verbraucht werden, weil durch das Öffnen mit einem rascheren Verderb bzw. Schimmel zu rechnen ist.
- Verschimmelte Lebensmittel wegwerfen

Stillende benötigen von folgenden Nährstoffen etwas mehr als vor der Schwangerschaft: Vitamin A, B-Vitamine (B_1, B_2, Niacin, B_6, Folsäure, B_{12}), Vitamin C und E sowie Kalzium, Magnesium, Eisen, Jod und Zink.

Greif daher auf nährstoffreiche Lebensmittel zurück und iss abwechslungsreich.
In der folgenden Auflistung sind Vitamin- und Mineralstoffquellen zusammengefasst, die während der Stillzeit sehr wichtig sind:

VITAMINE

β-Carotin und Vitamin A

* Gemüse, insbesondere Karotten, Spinat oder Grünkohl
* Leber (Vorsicht, Schwermetallbelastung!)

Vitamin B_1

* Muskelfleisch, insbesondere Schweinefleisch
* einige Fischarten (z. B. Scholle)
* Vollkornerzeugnisse (insbesondere Haferflocken)
* Hülsenfrüchte
* Kartoffeln

Vitamin B_2

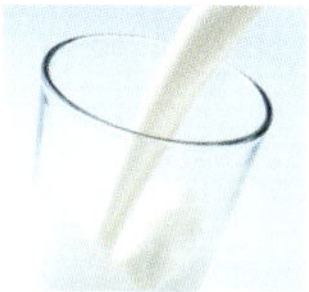

* Milch und Milchprodukte
* Muskelfleisch
* Fisch
* Eier
* einige Gemüsesorten (z.B. Spinat, Brokkoli, ...)
* Vollkornprodukte

Niacin

* Fleisch
* Fisch
* Milch
* Eier
* Vollkornbrot und -gebäck
* Kartoffeln

Vitamin B_6

- Hühner- und Schweinefleisch
- Fisch
- einige Gemüsearten (Kohl, Fisolen, Bohnen, Linsen, Feldsalat)
- Kartoffeln
- Bananen

Folat (Folsäure)

- Gemüse, insbesondere grüne Gemüsesorten wie Salat, Spinat, Fenchel, Brokkoli und diverse Kohlarten
- Hülsenfrüchte (Linsen, Bohnen, Erbsen, Kichererbsen)
- Vollkornprodukte (Brot, Gebäck, Müsli ...)
- Obst (Erdbeeren, Himbeeren, Orangen, Bananen)
- Nüsse
- Milchprodukte

Vitamin B_{12}

- Muskelfleisch
- Fisch
- Eier
- Milch und Käse
- Sauerkraut

Vitamin C

- Obst und Gemüse und die daraus hergestellten Säfte
- Sanddornbeeren(saft)
- Paprika
- Brokkoli
- Schwarze Johannisbeeren, Stachelbeeren
- Fenchel
- Zitrusfrüchte

Vitamin E

- Weizenkeimöl, Sonnenblumenöl, Maiskeimöl, Rapsöl
- Nüsse (z. B. Walnüsse)

MINERALSTOFFE

Kalzium

* Milch und Milchprodukte
* einige Gemüsearten (Brokkoli, Grünkohl, Fenchel, Lauch)
* Mineralwässer (> 150 mg Kalzium/l)
* Sesam

Magnesium

* Vollkornprodukte
* Milch und Milchprodukte
* Geflügel
* Fisch
* Kartoffeln
* viele Gemüsearten
* Sojabohnen, Kürbiskerne
* Beerenobst, Orangen, Bananen

Eisen

* rotes Fleisch
* Vollkorngetreideprodukte (Vollkornbrot, Hirse, Haferflocken)
* Hülsenfrüchte (beispielsweise Erbsen, Linsen, Bohnen)
* grünes Blattgemüse (Spinat, Feldsalat, Kohlgemüse)
* Trockenfrüchte (getrocknete Pflaumen und Marillen)

Jod

* Fische
* Milch und Eier (bei entsprechender Fütterung der Tiere)
* jodiertes Speisesalz

Zink

* Rindfleisch, Schweinefleisch, Geflügel
* Ei
* Milch, Käse
* Weizenvollkorn

Wie stelle ich meine Ernährung zusammen?

In der Stillzeit gibt es nahezu keine Nahrungsmittel, die zu meiden sind. Dein persönliches Wohlbefinden ist für eine unvergessliche Stillerfahrung entscheidend! Wichtig ist daher, was Dir am besten schmeckt und gut tut. Abwechslungsreich und ausgewogen soll Deine Nahrung sein, und aus einem ebenso großen wie vielfältigen Nahrungsmittelangebot darfst Du wählen!
Orientiere Dich auch in der Stillzeit am besten an der österreichischen Ernährungspyramide für Schwangere.

* **Mehrmals täglich**
  Obst, Gemüse oder Hülsenfrüchte, Getreide (wie Brot, Nudeln, Reis) oder Kartoffeln; Milch und Milchprodukte
* **Täglich**
  hochwertige pflanzliche Öle, Nüsse und Samen
* **Wöchentlich**
  1–2 Mal Fisch (fettreichen Meeresfisch wie Lachs und Hering oder heimischen Fisch wie beispielsweise Saibling oder Forelle bevorzugen)
* **Mehrmals wöchentlich**
  mageres Fleisch und Eier
* **Sparsam**
  Streich-, Back- und Bratfette, fettreiche Milchprodukte (Schlagobers, Sauerrahm oder Crème fraîche)
* **Selten**
  Fett-, zucker- und salzreiche Lebensmittel und energiereiche Getränke

Tipp:
Probier auch diese Getreidevarianten: Buchweizen, Bulgur, Couscous, Dinkel, Gerste, Hafer und Hirse.

Die österreichische Ernährungspyramide für Schwangere

Die 7 Stufen zur Gesundheit

Schwangere müssen nicht für zwei essen – sie brauchen lediglich 250 kcal pro Tag mehr!

Alkoholfreie Getränke	Gemüse, Hülsenfrüchte und Obst	Getreide und Erdäpfel	Milch und Milchprodukte	Fisch, Fleisch, Wurst und Eier	Fette und Öle	Fettes, Süßes und Salziges
Täglich mindestens 2 Liter Wasser und alkoholfreie bzw. energiearme Getränke.	Täglich 4 Portionen Gemüse und / oder Hülsenfrüchte und 2 Portionen Obst.	Täglich 5 Portionen Getreide, Brot, Nudeln, Reis oder Erdäpfel, vorzugsweise Vollkorn.	Täglich 3 Portionen Milchprodukte, bevorzugt fettärmere Varianten. **Ab dem 4. Monat:** 1 Extraportion Milchprodukte täglich (oder: 1 Portion Fisch, mageres Fleisch oder Ei pro Woche zusätzlich).	Wöchentlich 1 - 2 Portionen Fisch, 3 Portionen mageres Fleisch oder magere Wurst und bis zu 3 Eier.	Täglich 1 - 2 Esslöffel pflanzliche Öle, Nüsse oder Samen. Streich-, Back- und Bratfette und fettreiche Milchprodukte sparsam.	Selten fett-, zucker- und salzreiche Lebensmittel und energiereiche Getränke.

G´scheit g´sund.
Eine Initiative des Bundesministeriums für Gesundheit.

BUNDESMINISTERIUM FÜR GESUNDHEIT

Eine ausgewogene Ernährung enthält …

- mehrere Portionen Obst und Gemüse pro Tag. Wähle dabei aus dem vielseitigen Angebot. Saisonale und regionale Produkte haben einen größeren Vitamin- und Mineralstoffgehalt. Erkundige Dich, ob es in der Gegend einen Anbieter für die Zustellung von Obst- und Gemüsekisten gibt, damit Du es Dir evtl. ersparst, die Lebensmittel einzukaufen und nach Hause zu tragen und trotzdem immer genug vorrätig hast.
- kohlenhydrat- und ballaststoffhaltige Lebensmittel wie Vollkornbrot, Kartoffeln, Pasta, Müsli, Reis, Linsen und Bohnen sowie Obst und Gemüse.
- hochwertige Eiweißquellen wie Milch und Milchprodukte, mageres Fleisch, Huhn, Pute, Fisch, Eier, Linsen und Bohnen. 1–2 Mal pro Woche sollte Fisch gegessen werden. Greif auch regelmäßig zu fettreichem Fisch (z. B. Lachs). Milch und Milchprodukte wie Käse, Joghurt und Buttermilch sind gute Kalziumlieferanten.
- Und schließlich: trinken, trinken, trinken!

Wie stark beeinflusst die Ernährung der Mama die Qualität der Muttermilch?

Mit dem Stillbeginn tauchen für viele Mamis neue Fragen auf, und viele machen sich Gedanken, ob Inhaltsstoffe aus der Nahrung in die Muttermilch gelangen und manche dieser Inhaltsstoffe möglicherweise auch schaden können. Das bewegt viele dazu, die eigenen Ernährungsgewohnheiten zu überdenken. Das ist einerseits gut, denn darin liegt die Chance, einen gesünderen Lebensstil zu entwickeln. Andererseits kann diese Angst sehr belastend wirken. Die meisten Sorgen sind aber unbegründet. Um Dir die Angst zu nehmen, wollen wir in den folgenden Kapiteln das Wichtigste näher erklären und auf ein paar Dinge aufmerksam machen.
Gleich vorneweg: In puncto Essen bist Du das Vorbild für Dein Baby! Wenn Du „ungesunde Snacks", Fertiggerichte, Fast Food und Frittiertes isst, wird Dein Kind die gleichen Muster entwickeln. Wenn Du ein positives Vorbild bist, ebnet sich für Dein Baby der Weg zu einem gesunden, langen Leben.

Die Zusammensetzung der Muttermilch ist optimal an die Bedürfnisse des Babys angepasst. Sie enthält vor allem in den ersten Lebensmonaten alle lebensnotwendigen Nährstoffe.
Muttermilch wird während des gesamten Stillvorgangs gebildet, dadurch ist auch die erwähnte Veränderung der Zusammensetzung während eines Stillvorgangs möglich. Zu Beginn einer Stillmahlzeit sind der Fett- und Energiegehalt niedrig und der Laktosegehalt (Milchzucker) hoch. Gegen Ende der Stillmahlzeit ist die Muttermilch hingegen sehr fettreich.
Die Ernährung der Mutter kann bei einigen Nährstoffen die Zusammensetzung der Muttermilch beeinflussen.
Die Hauptnährstoffe (Eiweiß, Fett und Kohlenhydrate) der Muttermilch sind in der Zusammensetzung weitgehend unabhängig von der Ernährung der Mutter. Positiv auf die Zusammensetzung der Muttermilch kann sich jedoch der Konsum der Mutter an Omega-3-Fettsäuren auswirken. Diese Fettsäuren sind z. B. besonders wichtig für die Entwicklung des Gehirns und der Augen Deines Babys.
Auch bei unterernährten Frauen weist die Muttermilch etwa die gleiche Zusammensetzung an Eiweiß, Fett und Kohlenhydraten auf wie bei Frauen, die gut mit Nährstoffen versorgt sind. Die produzierte Milchmenge ist bei unterernährten Frauen jedoch etwas geringer.
Einige Vitamine, vor allem Vitamin D, Vitamin A und wasserlösliche Vitamine, Mineralstoffe wie Jod und die Fettsäurezusammensetzung der Muttermilch werden durch die Ernährung der Mutter ein wenig beeinflusst.

Geschmacksprägung

Kinder lernen Geschmackseindrücke bereits während der Schwangerschaft im Mutterleib kennen. Die Geschmacksstoffe, die Du als werdende Mutter mit der Nahrung zu Dir genommen hast, sind in das Fruchtwasser übergegangen und wurden so vom Fötus aufgenommen. Die Geschmacksentwicklung setzt sich aber auch nach der Geburt fort.
Hier ist es ähnlich: Alles was Du an Geschmacksstoffen über Deine Ernährung aufnimmst, geht in die Muttermilch über und führt zu einer enormen geschmacklichen Vielfalt der Muttermilch.
Abhängig von Deiner Ernährung lernen gestillte Kinder dadurch eine große Geschmacksvielfalt kennen. So kann bereits in der Stillzeit das spätere Essverhalten Deines Kindes mitgeprägt werden.

WISSENSBOX: GEHEN GESCHMACKSSTOFFE IN DIE MUTTERMILCH ÜBER?

* Die Wissenschafterin Dr. Juli Mennella hat sich intensiv mit der Thematik auseinandergesetzt, inwieweit sich der Geschmack der Muttermilch durch die Lebensmittelauswahl der Mutter beeinflussen lässt. So hat sie beispielsweise eine Studie an stillenden Müttern durchgeführt, bei denen die Mütter dazu aufgefordert wurden, Knoblauch zu konsumieren. Dieser hatte einen signifikanten Einfluss auf den Geruch und den Geschmack der Muttermilch. Nun lag die Vermutung nahe, dass dieser intensivere Geschmack und Geruch die Babys eher von der Muttermilch abbringen würde. Tatsächlich aber waren Kinder dieser Mütter länger an der Brust und konsumierten auch mehr Milch als die Kinder von Frauen, die eine relativ einfache Ernährung ohne viele Geschmackskomponenten bevorzugten.
* Weitere Studien zeigen auch, dass die Ernährung der Mama während der Schwangerschaft und Stillzeit die spätere Vorliebe für bestimmte Geschmacksrichtungen und die Akzeptanz von Nahrungsmitteln bei ihrem Kind mitprägen kann. Dies zeigt beispielsweise eine Untersuchung an Frauen, die während Schwangerschaft und Stillzeit viel Karottensaft zu sich nahmen. Die Babys akzeptierten Karottenbrei später leichter und in größerer Menge als Kinder von Müttern, die keinen Karottensaft tranken. Kinder bevorzugen später häufiger jene Geschmackseindrücke, die sie über die Muttermilch kennengelernt haben.
* Diese Ergebnisse unterstreichen die Empfehlung, während der Stillzeit eine Ernährung zu wählen, die viele verschiedene Geschmäcker aufweist, und geschmacksintensivere Lebensmittel nicht von vornherein zu streichen. Gerade diese Geschmacksvielfalt aus der Muttermilch kann dazu führen, dass das Baby Neuem gegenüber später viel aufgeschlossener ist.

Kann das Baby wund werden oder Blähungen und Koliken bekommen, wenn Du bestimmte Lebensmittel isst?

Manche Mütter berichten, dass sie einen möglichen Zusammenhang zwischen dem Konsum säurehaltiger Lebensmittel (z. B. Zitrusfrüchte) und dem Wundwerden ihres Babys vermuten. Auch von einem Zusammenhang zwischen dem Konsum blähender Lebensmittel der Mutter (wie z. B. Hülsenfrüchte, Kohlgemüse oder Zwiebeln) und Blähungen bzw. Koliken beim gestillten Baby wird häufig berichtet. Die heutigen Studien können das aber nicht überzeugend belegen.

Ein Übertritt der blähenden Gase in die Muttermilch erscheint eher unwahrscheinlich. Ganz auszuschließen ist es jedoch nicht, dass Deine Ernährung durch andere Mechanismen einen Einfluss auf das Wohlbefinden Deines Babys hat. Die Ursachen für Koliken sind aber generell sehr vielfältig und auch noch nicht ausreichend erforscht.
Deshalb können wir an dieser Stelle nur raten, nicht allein aus Vorsichtsgründen auf bestimmte Nahrungsmittel wie beispielsweise bestimmte Obst- und Gemüsesorten zu verzichten. Viele Nahrungsmittel liefern wertvolle Inhaltsstoffe, die Dein Körper gerade während der Stillzeit dringend braucht.

Tipps, wie Du Blähungen Deines Babys vorbeugen kannst

- Viele Babys leiden im Alter zwischen zwei und vier Monaten unter Blähungen.
- Lass Dein Baby zuerst eine Brust leer trinken, bevor Du die andere anbietest. Ein kurzzeitiges Anlegen an beiden Brüsten kann das Risiko für Blähungen erhöhen, da sich die Zusammensetzung der Muttermilch während des Trinkens verändert. Zu Beginn enthält sie mehr Milchzucker (Laktose), später wird sie fettreicher.
- Achte darauf, dass das Baby beim Trinken die Brustwarze ganz in den Mund nimmt (d. h. nicht nur die Brustwarze selbst, sondern auch einen Teil des Warzenhofes).
- Damit das Baby nicht zu viel Luft schluckt, achte darauf, dass es nicht zu schnell und zu hastig trinkt. Lass Deinem Baby nach einer Mahlzeit oder auch zwischendurch genügend Zeit, um aufzustoßen. Das ist besonders wichtig für das Wohlbefinden des Kleinen.
- Achte darauf, dass ihr beide, Du und Dein Baby, viel Ruhe beim Stillen habt. Lege generell auch bewusst ruhige Tage ein, an denen es nicht so hektisch zugeht bzw. an denen Du nicht so viele Termine hast oder große Veränderungen anstehen.
- Zu guter Letzt kann eine leichte, liebevolle Bauchmassage hilfreich sein; zudem beruhigt sie Dein Baby. Es mag sanfte Berührungen, und sein Bäuchlein wird es Dir danken.

Wenn Du vermutest, dass Dein Baby auf ein bestimmtes Lebensmittel, das Du gegessen hast, mit Unverträglichkeitserscheinungen (wie Blähungen oder Wundwerden) reagiert, kannst Du dieses Lebensmittel versuchsweise weglassen und Dein Baby eine gewisse Zeit beobachten.
Fachgesellschaften empfehlen aber Einschränkungen in der Ernährung der Mutter nur nach ausdrücklicher Empfehlung durch die Kinderärztin vorzunehmen.

Gibt es Nahrungsmittel, die Du während der Stillzeit meiden solltest?

Alles was Du während der Schwangerschaft gegessen und gut vertragen hast, kannst Du grundsätzlich auch in der Stillzeit essen. Ideal ist eine ausgewogene Mischkost, in der alle Nahrungsmittelgruppen vertreten sind. Wähle daher am besten aus einem vielseitigen Angebot und bau mehrmals täglich Gemüse, Obst, Getreide und Milch bzw. Milchprodukte in Deinen Speiseplan ein. Auch Fisch sollte regelmäßig (1–2 Mal die Woche) auf dem Speiseplan stehen. Versuch aber, auf langlebige Raubfische (wie Thunfisch, Schwertfisch, Heilbutt, Hecht, Haifisch, Königsmakrele und Ziegelfisch) während der Stillzeit zu verzichten, da diese einen höheren Gehalt an Schadstoffen aufweisen können.
Viele Mütter stellen sich die Frage, ob sie genauso wie während der Schwangerschaft auf Sushi, Beef Tatar, Tiramisu und Co. verzichten müssen. So strenge Verbote wie für Schwangere gibt es für Stillende nicht mehr. Es gibt keine eindeutigen Belege dafür, dass Krankheitserreger, die durch Lebensmittel aufgenommen wurden, über die Muttermilch an das Kind abgegeben werden. Der Verzehr roher tierischer Lebensmittel kann jedoch generell zu Infektionskrankheiten führen, die in der Schwangerschaft und Stillzeit häufiger auftreten und/oder schwerer verlaufen können. Eine lebensmittelbedingte Infektion kann für Dich als stillende Mutter sehr belastend sein. Außerdem besteht die Möglichkeit, Dein Baby über direkten Kontakt anzustecken. Damit Du keine lebensmittelbedingte Infektion bekommst und Dich mit viel Freude und Energie um Dein Baby kümmern kannst, ist es aus Vorsichtsgründen ratsam, rohes Fleisch und rohes Geflügel, rohen Fisch, rohe Meeresfrüchte, Rohmilch und Speisen, die rohe Eier enthalten, zu meiden. Ausreichendes Erhitzen ist eine sichere Methode, um Krankheitserreger abzutöten. Speisen sollten auch innen vollständig gegart sein. Achte generell auf eine besonders sorgfältige Küchenhygiene. Tipps zur Hygiene und zum sicheren Umgang mit Lebensmitteln findest Du auf Seite 26.

Etwas Vorsicht ist auch bei der Aufnahme von Mohn geboten. Dieser kann nämlich in geringen Mengen Morphin enthalten und sollte deswegen in der Stillzeit nicht in großen Mengen und vor allem nicht täglich gegessen werden. Ein hoher Gehalt an Mohnsamen kann, je nach Zubereitung, z. B. in Mohnkuchen, mohnsamenhaltigen Desserts und Mohnnudeln vorhanden sein.
Verzichte während der Stillzeit am besten auch auf Alkohol und trink koffeinhaltige Getränke nur in Maßen. Weitere Informationen zu Alkohol und Koffein geben wir Dir in den jeweiligen Kapiteln.

Muss ich scharfe Gewürze während der Stillzeit meiden?

Ähnlich wie bei den Zitrusfrüchten ist auch hier auf die individuelle Verträglichkeit von Mutter und Kind zu achten. Vereinzelt wurde von Fällen berichtet, bei denen das gestillte Kind innerhalb von 12 Stunden, nachdem die Mutter mit rotem Pfeffer gewürzte Speisen gegessen hatte, Hautrötungen entwickelte. Verantwortlich dafür scheinen die im roten Pfeffer enthaltenen Inhaltsstoffe Capsaicin und verwandte Stoffe zu sein. Gefährlich ist dies für das Kind nicht, und der Hautausschlag dauert in der Regel 12 bis 48 Stunden an. Sollte Dein Baby aber auf stärker gewürzte Speisen reagieren, kannst Du diese während der Stillzeit meiden und auf sanfte Gewürze und Kräuter zurückgreifen.

Kann meine Ernährung Allergien bei meinem Kind fördern?

Wenn in Deiner Familie Allergien häufiger auftreten, ist Stillen besonders entscheidend. Stillen allein garantiert zwar nicht, dass Dein Baby nie eine Allergie entwickeln wird, aber es kann das Risiko für ihre Entstehung maßgeblich reduzieren. Muttermilch hilft dabei, das Immunsystem des Babys zu stärken. Ein guter Schutz sind somit 1. das Stillen, 2. die Einführung der Beikost in etwa um das 6. Lebensmonat herum (nicht jedoch vor der 17. und nicht nach der 26. Lebenswoche) und 3. das Weiterstillen auch nach Einführung der Beikost.
Neueste wissenschaftliche Erkenntnisse besagen, dass es für die Mutter nicht nötig ist, während der Schwangerschaft und Stillzeit eine spezielle Diät einzuhalten, um Allergien beim Kind vorzubeugen, auch wenn Vorbelastungen durch die Eltern bestehen. Was Du gut verträgst, kannst Du auch essen; Du brauchst keine unnötigen Einschränkungen vorzunehmen. Es wird vielmehr die Veranlagung vererbt. Allergieauslösende Bestandteile, wie sie etwa in Milch, Ei, Weizen, Soja und Fisch vorhanden sind, kannst Du also essen (sofern Du selbst keine Allergie gegen diese Lebensmittel hast). Es gibt sogar Hinweise, dass der mütterliche Konsum von Fisch in der Schwangerschaft und Stillzeit einen positiven und schützenden Effekt auf die Entwicklung allergischer Erkrankungen beim Kind hat. Achte darauf, was Du gut verträgst, damit Du Dich fit und wohl fühlst. Wenn der begründete Verdacht besteht, dass Dein Baby auf bestimmte Lebensmittel allergisch reagiert, wird Deine Ärztin Dir bei den nächsten Schritten behilflich sein.

Was kann ich bei meiner Ernährung noch berücksichtigen?

Stillende sollten regelmäßig und häufig kleinere Mahlzeiten essen. Die Erfahrung in der Praxis zeigt, dass viele Frauen in der ersten Zeit zu wenig essen und dann sehr müde sind, wenn die Abstände zwischen den Mahlzeiten sehr lang werden. Drei Hauptmahlzeiten sind wichtig; dazwischen darf „gesund gesnackt" werden. Den Mehrbedarf einfach mit Fast Food, fetten oder sehr süßen Snacks zu decken, ist nicht sinnvoll. Gerade in der Stillzeit soll Dein Körper optimal versorgt werden, damit Du genügend Energie hast, um in dieser einzigartigen Zeit mit Deinem Baby so viel wie möglich zu unternehmen. Hin und wieder kannst Du Dir aber gerne ein Stück Kuchen oder Schokolade gönnen. Das Frühstück ist eine besonders wichtige Mahlzeit – auch wenn Du nur ganz wenig zu Dir nimmst. Regelmäßiges Essen hilft, Heißhungerattacken vorzubeugen.

Die Mahlzeiten sollen einfach und schnell zuzubereiten sein. Es hat sich bewährt, leicht zuzubereitende und griffbereite Zwischenmahlzeiten wie Obst, Nüsse, belegte Brote und Getränke zu genießen.

Eine streng vegane Ernährung während der Stillzeit ist aus Sicht zahlreicher Expertinnen nicht empfehlenswert. Es kann bei Dir und bei Deinem Baby zu einem Vitamin-B_{12}-Mangel kommen. Solltest Du Dich dennoch dazu entschließen, sprich bitte mit Deiner Ärztin oder einer Ernährungsfachkraft. Sie werden abschätzen, was zu tun ist, damit ihr beide, Du und Dein Baby, gut versorgt seid.

Viel trinken – notwendiges Übel oder Dein persönlicher Fitmacher?

Unser Körper besteht zu über 60 % aus Wasser. Damit wir körperlich und geistig fit bleiben, ist eine stetige und ausreichende Flüssigkeitszufuhr besonders wichtig. Gerade während der Stillzeit wird häufig auf das Trinken vergessen, doch ist es besonders in dieser Zeit sehr wichtig, den Körper mit ausreichenden Mengen an Flüssigkeit zu versorgen. Allgemein gilt, dass Erwachsene pro Tag mindestens 1,5 Liter Flüssigkeit in Form von Getränken aufnehmen sollten. Natürlich hängt die Aufnahme auch von zusätzlichen Flüssigkeitsverlusten wie etwa Schwitzen ab. Im Sommer und bei verstärkter körperlicher Betätigung braucht der Körper etwas mehr Flüssigkeit. Auch während Schwangerschaft und Stillzeit ist der Bedarf etwas höher. Von vielen Fachgesellschaften werden häufig keine konkreten Trinkmengen während der Stillzeit angegeben. Trink am besten ausreichend und regelmäßig, z. B. zusätzlich zu Deinem normalen Flüssigkeitskonsum zu jeder Stillmahlzeit ein Getränk, vorzugsweise Wasser.

Der Einfluss der Flüssigkeitsaufnahme auf das Milchvolumen und die Milchproduktion ist zwar nur gering, doch ist sie für das Wohlbefinden und die Leistungsfähigkeit der Mutter dafür umso wichtiger!

Ideale Durstlöscher

Leitungswasser und Mineralwasser sind ideale Durstlöscher. Aber auch ungesüßte Früchte- und Kräutertees, selbst zubereiteter Eistee aus Früchte- oder Kräutertee sowie stark verdünnte 100%ige Obst- und Gemüsesäfte zählen dazu. Wechsele bei Kräutertees öfter die Sorten und trink eine Sorte nicht in zu großen Mengen und über einen längeren Zeitraum. Frag im Zweifelsfall bei Deiner Ärztin oder Apothekerin nach.

Tipp:
Es ist hilfreich, jedes Mal wenn Du stillst – auch in der Nacht –, ein Getränk bereitzustellen.

Stilltees

Es gibt keine allgemeingültige Empfehlung, die lautet, dass man während der Stillzeit häufig Stilltee trinken muss. In der wissenschaftlichen Literatur findet man kaum Studien, die die Wirkung bestimmter Nahrungsmittel und Getränke zur Anregung der Milchbildung belegen. Prinzipiell gilt: Je öfter Du Dein Kind stillst, desto mehr Milch wird gebildet.
Wenn Dir Stilltees schmecken und Du sie gut verträgst (z. B. keine Allergie gegen einen der Inhaltsstoffe hast), können sie aber zu der so wichtigen Flüssigkeitsaufnahme beitragen. Trotzdem ist es sinnvoll, auch auf verschiedene Kräutertees zurückzugreifen und ein wenig zu variieren.

Alkohol – ein Gläschen erlaubt?

Zunächst ein paar Fakten zum Thema Alkohol und Stillen, die Dir Deine persönliche Entscheidung leichter machen sollen.

Ein Teil des Alkohols, den Du mit alkoholischen Getränken aufnimmst, geht in die Muttermilch über.

Die Muttermilch weist annähernd die gleiche Alkoholkonzentration auf wie das Blut der Mutter.

Babys können Alkohol in den ersten Lebenswochen nur halb so schnell abbauen wie Erwachsene.

Wenn Du während der Stillzeit Alkohol trinkst, kann es zu einer spürbaren Verringerung der Milchproduktion kommen.

Beim Baby kann sich Dein Alkoholkonsum auf das Schlafverhalten auswirken und zu einer frühen Gewöhnung an Alkohol führen. Auch weitere (gesundheitliche) Auswirkungen sind nicht auszuschließen. Auf Basis der verfügbaren wissenschaftlichen Daten können aber keine zuverlässigen Aussagen gemacht werden.

Versuch daher, während der Stillzeit auf alkoholische Getränke zu verzichten. Dies gilt insbesondere für die Zeit, in der Du Dein Baby ausschließlich stillst.

Einige Organisationen erklären, dass allenfalls bei besonderen Anlässen ein kleines Glas Wein, Bier oder Sekt tolerabel ist, sofern dieses nach einer Stillmahlzeit getrunken wird. Für die stillende Mutter und ihren Säugling ist aber keine sichere obere Grenze der Alkoholzufuhr abzuleiten.

Wir wissen auch, dass das Trinken von zusätzlichem Wasser oder das Abpumpen und Verwerfen der Muttermilch den Abbau des Alkohols in der Muttermilch nicht beschleunigt.

Wie schnell Alkohol im Blut tatsächlich abgebaut wird, ist individuell verschieden. Eine Frau mit etwa 70 kg braucht für ein alkoholisches Getränk über zwei Stunden, für zwei alkoholische Getränke bereits viereinhalb Stunden usw. Diese Werte sind Schätzungen. Die tatsächliche Abbaugeschwindigkeit hängt unter anderem von der Art des Alkohols, der konsumierten Menge und Deinem Körpergewicht ab.

Beachte auch, dass Alkohol Dein Reaktionsvermögen herabsetzen kann.

Darf ich während der Stillzeit alkoholfreies Bier trinken?

Alkoholfreies Bier weist einen Alkoholgehalt von unter 0,5 Vol.% auf. Wenn Du gelegentlich ein Glas alkoholfreies Bier trinkst, ist die aufgenommene Alkoholmenge so gering, dass sie unbedenklich erscheint. Um jedoch ganz sicher zu gehen, kannst Du das Glas alkoholfreies Bier nach dem Stillen trinken. Auch Malzbier kannst Du in moderaten Mengen trinken.

Wie ist es mit Kaffee?

Koffein (aus Bohnenkaffee, schwarzem/grünem Tee, Colagetränken, Energydrinks und anderen Nahrungsmitteln) geht ebenfalls rasch in die Muttermilch über. Der Koffeingehalt der Muttermilch nach dem Konsum der koffeinhaltigen Getränke variiert jedoch ebenfalls von Frau zu Frau. Eine hohe Koffeinzufuhr kann Auswirkungen auf das Befinden und Verhalten des Babys haben. Es kann z. B. dazu führen, dass Dein Baby schlechter schläft bzw. reizbarer ist. Es empfiehlt sich daher, sich auch bei koffeinhaltigen Getränken während der Stillzeit zurückzuhalten. Trink maximal zwei Tassen Kaffee bzw. vier Tassen schwarzen/grünen Tee pro Tag. Achte bitte darauf, wie ihr beide, Du und Dein Baby, auf den Koffeinkonsum reagiert. Jeder Organismus ist anders! Einige Kinder reagieren sensibler als andere. Wenn bei gestillten Säuglingen nach der Koffeinzufuhr eine anregende Wirkung festzustellen ist bzw. der Säugling unruhig wird, reduziere einfach die Mengen.

Kann ich während des Stillens wieder rauchen?

Versuche bitte, auf das Rauchen in der Stillzeit völlig zu verzichten. Nikotin und Zigarettenrauch stellen eine Gefahr für Dein Baby dar! Sowohl über die Muttermilch als auch über die Atemluft wird das Kind beeinträchtigt, Rauchen kann unter anderem die Entstehung von Asthma beim Kind fördern und ist generell schlecht für den gesamten Atmungsapparat des Kindes. Außerdem ist das Risiko für plötzlichen Kindstod erhöht. Vermeide daher bitte das Rauchen in den eigenen Räumlichkeiten vollständig! Achte auch darauf, verrauchte Kaffeehäuser und Restaurants zu meiden. Wenn Du mit dem Rauchen aufhören willst bzw. Unterstützung brauchst, um nicht wieder damit anzufangen, oder sonstige Fragen in Bezug auf Rauchen und Nikotin hast, steht Dir das Rauchertelefon zur Verfügung (nähere Informationen findest Du unter www.rauchertelefon.at).

Brauche ich zusätzlich Nahrungsergänzungsmittel?

Stillende Mütter sollten prinzipiell ermutigt werden, durch eine ausgewogene und abwechslungsreiche Kost alle nötigen Nährstoffe aus der Nahrung zu beziehen. Nahrungsergänzungsmittel sind bei einer ausgewogenen Ernährung und der richtigen Auswahl an Nahrungsmitteln eigentlich unnötig, da unsere Nahrung die verlässlichste Quelle und den direktesten Weg für die Versorgung mit Nährstoffen darstellt. Dabei können Vitamin- und Mineralstoffpräparate auch eine gute Ernährung nicht ersetzen. Frauen, die von Grund auf gut mit Nährstoffen versorgt sind, können die Qualität ihrer Milch auch durch die Einnahme zusätzlicher Präparate nicht steigern. Wenn Du Dir unsicher bist, kannst Du bei Deinem Arzt testen lassen, ob Du beispielsweise einen Eisenmangel hast. Wenn nötig, wird er Dir nach eingehender Beratung ein geeignetes Präparat empfehlen.

Verstopfung und mehr

Viele Frauen haben nach der Geburt mit Verstopfung und/oder Hämorrhoiden zu kämpfen. Auf die richtige Ernährung zu achten, kann bei beiden Problemen helfen. Eine ballaststoffreiche Ernährung zusammen mit ausreichender Flüssigkeitsaufnahme und regelmäßige Bewegung sind hier das A und O.

Viel Obst und Gemüse sowie Vollkornprodukte (vorzugsweise fein gemahlen) sollen dabei die Basis darstellen. Trockenfrüchte und Haferflocken, die zuerst eingeweicht und dann beispielsweise als Müsli gegessen werden, können ebenfalls hilfreich sein. Lass das gequellte Müsli aber nicht bei Zimmertemperatur stehen, sondern bewahre es aus hygienischen Gründen im Kühlschrank auf.

Wenn Du zuvor eher ballaststoffarm gegessen hast, so steigere die Menge an ballaststoffreichen Lebensmitteln in Deiner Ernährung langsam. Dein Körper möchte sich daran gewöhnen. Vergiss dabei nicht, ausreichend zu trinken.

Oft führen Zeitmangel und Stress zu Stuhlverstopfung. Manche Mütter vergessen schlicht, auf die Toilette zu gehen. Nimm Dir Zeit dafür. Eine hartnäckige Verstopfung kann sehr unangenehm sein.

Ein altes Hausmittel kann z. B. ein Glas Wasser, Obst- oder Gemüsesaft morgens auf nüchternen Magen sein. Auch Sauermilchprodukte wie z. B. Buttermilch oder Joghurt sollen die Verdauung ankurbeln.

Ballaststoffreiche Lebensmittel

Vollkornprodukte: z. B. Brot und Gebäck, brauner Reis, Bulgur, Vollkornnudeln, Hirse, Amarant, Haferflocken
Hülsenfrüchte: z. B. Bohnen, Erbsen und Linsen
Gemüse und frische Salate
Kartoffel: Heurige Kartoffel können mit der Schale gegessen werden, vorher bitte gut waschen!
Obst: z. B. Äpfel, Birnen & Co. am besten mit der Schale verzehren
Nüsse und Samen: Mandeln (am besten ungehäutet), Walnüsse, Cashewnüsse, Sesam, Sonnenblumenkerne, Kürbiskerne etc.

Gewicht abnehmen

Während der ersten Monate nach der Geburt ist eine Gewichtsabnahme normal. Alles, was Du in der Schwangerschaft zugenommen hast, kannst Du während der Stillzeit abnehmen.

Je länger Du stillst, desto größer ist wahrscheinlich Deine Gewichtsabnahme nach der Geburt.

Eine Unterschreitung des Gewichts vor der Schwangerschaft ist aber nicht ratsam. Einen konkreten Wert, wie viel Du abnehmen kannst, kann man nicht angeben, weil dies von Frau zu Frau verschieden ist.

Eine zu rasche und starke Gewichtsabnahme ist jedenfalls nicht gesund, und die Milchbildung kann darunter leiden.

Diäten sind dementsprechend nicht empfehlenswert. Einseitige Diäten oder das Weglassen von Mahlzeiten können dazu führen, dass der erhöhte Nährstoffbedarf für Mama und Baby nicht gedeckt wird. Beachte, dass, wenn Du zu wenig isst, Dein Körper mit Nährstoffen unterversorgt sein kann. Eine ausreichende Versorgung mit beispielsweise Kalzium, Zink, Magnesium, Vitamin B_6 und Folsäure kann dann schwierig werden.

Heute weiß man, dass die erfolgreichste Methode, um abzunehmen und das Gewicht zu halten, die Entwicklung eines gesunden Lebensstils ist, der auch dauerhaft Spaß macht und uns nicht das Gefühl gibt, ständig auf Diät zu sein. Eine schöne, befriedigende und sichere Stillerfahrung mit Deinem Baby lässt Dich innerlich zufrieden werden, Essattacken sind dann nicht mehr die Gefahr. Für alles andere ist noch genug Zeit. Eine übertriebene Erwartungshaltung bringt nur zusätzlichen Stress. Viele Frauen glauben, neben den neuen Herausforderungen auch noch gut aussehend und dünn sein zu müssen. Jetzt ist nicht die Zeit für übertriebenen Perfektionismus. Sei nachsichtig mit Dir selbst. Du hast etwa neun Monate lang Gewicht aufgebaut und wirst ungefähr ebenso lange brauchen, um es wieder zu verlieren. Das Wasser, das während der Schwangerschaft im Gewebe eingelagert wurde, wiegt auch etwas. Bis es vom Körper wieder ausgeschieden wird, kann es einige Wochen dauern.

Keine Crashdiäten

Sobald Du Dich entschließt, Gewicht abzunehmen, wendest Du Dich am besten an Deinen Arzt oder an eine qualifizierte Ernährungsfachkraft.

Spare vor allem bei Fett und Zucker, mach aber bitte keine Crashdiäten! Das Essen regelmäßiger, kleiner Mahlzeiten hält Deine Energiekurve stabil und gibt Dir Kraft und Ausdauer für den Alltag. Moderate Bewegung kann Dir bei der Gewichtsabnahme sehr helfen. Auch wenn Du Dich müde fühlst – Du wirst bald spüren, wie sehr Du Dich durch Bewegung entspannen kannst. Am besten nimmst Du Dein Baby mit und gehst jeden Tag eine halbe Stunde flott spazieren. Lust auf Austausch? Spezielle Mama-Fitnesskurse, Kangatraining, Yoga oder Ähnliches werden heute bereits in kleinen Ortschaften angeboten! Oft kannst Du Dein Baby mitnehmen. Deine Ärztin oder die Hebamme sagen Dir gerne, ab welchem Zeitpunkt nach der Geburt Du mit Bewegung und Sport beginnen kannst.

Tipp:

Was mache ich mit meinem Baby, während ich mich körperlich betätige?

- Schließ Dich mit anderen Müttern zusammen. Vielleicht kann jemand eine Stunde auf das Baby aufpassen, während Du beim Work-out bist. Das nächste Mal macht ihr es umgekehrt
- Organisiere einen Babysitter
- Schreib Dich in einem Center ein, das auch Kinderbetreuung anbietet
- Mach ein paar Übungen, wenn das Baby schläft
- Gründe eine Bewegungsgruppe mit anderen Mamis!

Weitere nützliche Tipps zum Abnehmen

- Erstelle einen täglichen Mahlzeitenplan. Am Abend kannst Du nachdenken, was Du am nächsten Tag gerne einkaufen und essen möchtest.
- Schreib am nächsten Abend auf, was Du tatsächlich gegessen hast, und vergleiche die Aufzeichnungen mit dem Plan. Du wirst sofort erkennen, wo und wie Du abweichst.
- Lass süße und salzige Snacks nicht offen herumstehen! Das verleitet zum Zugreifen. Wenn Du auf etwas Lust hast, hol es bewusst!
- Heißhunger beugst Du vor, indem Du regelmäßig isst. Sollte er Dich jedoch trotzdem überfallen, trink zuerst ein Glas Wasser und versuch Dich abzulenken. Rohkost oder ein Stück Vollkornbrot vertreiben die Attacken blitzartig.
- Strenge Verbote gibt es in der modernen Ernährungswissenschaft zum Glück nicht mehr. Falls Du Lust auf etwas Süßes hast, gönn es Dir bewusst und genieß es.
- Komplexe Kohlenhydrate, wie sie z. B. in Vollkornprodukten enthalten sind, haben den Vorteil, dass sie länger sättigen und den Blutzuckerspiegel stabil halten. Der Körper braucht mehr Zeit, um sie aufzuspalten. Zucker, z. B. aus Süßigkeiten, geht sehr schnell ins Blut; er muss nicht aufgespalten werden. Der Blutzuckerspiegel steigt steil an, fällt jedoch auch sehr rasch wieder ab.
- Geh sparsam mit Öl um. Greif auf hochwertige Ölsorten zurück und verzichte eher auf Frittiertes.
- Bereite Pastasaucen lieber selber zu und verzichte auf Fertigsaucen.
- Verzichte nicht auf das Frühstück, auch wenn es nur ein paar Löffel Joghurt oder eine Scheibe Vollkornbrot sind.
- Du kannst bei den meisten Rezepten den Fettgehalt um die Hälfte reduzieren, ohne dass sich der Geschmack wesentlich verändert. Probier es einfach aus.
- Schneide bei Schinken und Fleisch das sichtbare Fett ab und verzichte bei Geflügel auf die Haut.

Low-Carb-Diäten während der Stillzeit?

Wissenschafterinnen haben sich dieser Frage angenommen und sind zu dem Schluss gekommen, dass wir noch wenig über diese Zusammenhänge wissen. Generell ist es schwierig, sich auf Dauer an eine einseitige Ernährungsform zu halten. Zu drastische Diäten können die Milchproduktion negativ beeinflussen. Die stillende Frau braucht eine gewisse Menge an Kohlenhydraten, um die körpereigenen Funktionen aufrechtzuerhalten und um die Menge an Kohlenhydraten zu ersetzen, die für die Milchproduktion aufgewendet werden. Eine kohlenhydratarme Diät liefert wahrscheinlich zu wenig Kohlenhydrate und führt dazu, dass der Körper Kohlenhydrate aus den Fettreserven bilden muss. Als Resultat bilden sich dabei sogenannte Ketonkörper im Blut, welche wahrscheinlich auch einen Effekt auf den Geschmack und den Geruch von Muttermilch haben. Diese sensorische Veränderung könnte die Muttermilch für den Säugling weniger attraktiv machen, was sich eventuell wieder auf die Trinkmenge auswirkt. Zudem ist die Langzeitwirkung der Gewichtsreduktion von Low-Carb-Diäten durchaus nicht bewiesen.

Dein Körper braucht während der Stillzeit ausreichend Kohlenhydrate. Verzichte auf einseitige Diäten. Iss regelmäßig, bunt und vielfältig.

Gehen Schadstoffe in die Muttermilch über?

Prinzipiell können Schadstoffe in die Muttermilch übergehen. Du brauchst Dir aber keine Sorgen zu machen, dass das Stillen Deinem Baby schaden könnte. Geringe Schadstoffmengen gelangen durch die allgemeine Umweltbelastung in die Muttermilch. Generell ist aber die Belastung der Muttermilch mit den meisten Schadstoffen in den letzten Jahren zurückgegangen. Die Vorteile des Stillens überwiegen bei Weitem. Muttermilch ist auf jeden Fall die beste Nahrung für Dein Baby.

Achte darauf, dass Du Dich möglichst ausgewogen ernährst und bunt und vielfältig isst. Regionale und saisonale Lebensmittel sind am besten! In Lebensmitteln wie langlebigen Raubfischen und Innereien können Schadstoffe in größeren Mengen angereichert sein. Versuch daher, in der Stillzeit darauf zu verzichten.

PRAXISTEIL

So geht's schnell und ist gesund!

- Koch größere Mengen vor und friere die Extraportionen ein. Im Rezeptteil sind jene Gerichte markiert, die sich zum Einfrieren besonders eignen.
- Naturbelassenes, tiefgekühltes Obst und Gemüse ist schnell zuzubereiten.
- Wähle Gemüsearten (Karotten, Stangensellerie, Paprika etc.), die Du auch roh essen kannst, und knabbere diese zwischen den Mahlzeiten.
- Das Dämpfen von Speisen ist eine schonende und schnelle Zubereitungsform für Gemüse, Fleisch und Fisch.
- Falls Familie und Freunde anbieten, zu helfen, nimm die Hilfe an und bitte Deine Lieben, ab und zu für Dich zu kochen bzw. Gerichte vorzukochen und vorbeizubringen.

WISSENSBOX: OBST UND GEMÜSE

- In der Schwangerschaft werden 4 Portionen Gemüse und 2 Portionen Obst pro Tag empfohlen. Versuch, diese Empfehlung auch in der Stillzeit fortzusetzen. Eine Portion kann auch durch Obstsäfte ersetzt werden. Frisches Obst sollte aber in der Regel vorgezogen werden. Obstsäfte haben in etwa den gleichen Kaloriengehalt wie Limonaden, auch wenn in den Säften mehr Nährstoffe enthalten sind.
- Im Trockenobst ist der Fruchtzucker durch den Wasserentzug konzentrierter. Außerdem macht Trockenobst aufgrund des geringen Wassergehalts weniger satt als frisches Obst. Das führt dazu, dass Du evtl. mehr davon isst und die aufgenommene Energiemenge eher unterschätzt.

Gesunde und schnelle Snacks für zwischendurch

- Frisches Obst (Äpfel, Birnen, Beeren, Weintrauben etc. eignen sich besonders gut, weil sie nicht aufwändig vorbereitet werden müssen)
- Weckerln und Brötchen mit Frischkäse, Tomaten und Paprika
- Weckerln und Brötchen mit Putenbrust, Rindersaftschinken oder Huhn und Paprika
- Joghurt, Buttermilch oder magere Topfencreme (kann auch mit frischem Obst kombiniert werden)
- Joghurtdip mit frischen Gemüsesticks
- Getrocknete Früchte
- Gemüsesuppen (auch solche, die kalt getrunken werden können, wie etwa kalte Gurkensuppe etc.)
- Müsli mit Milch oder Joghurt
- Eine Handvoll Nüsse
- Fingerfood, das kalt genossen werden kann, eignet sich besonders für den stressigen Alltag. Es kann vorbereitet werden und Du kannst, wenn der Hunger kommt, schnell auf etwas Frisches und Nahrhaftes zurückgreifen. Im Rezeptteil sind diese Gerichte gekennzeichnet.

Während der Stillzeit ist Dein Bedarf an vielen Vitaminen und Mineralstoffen erhöht. Durch eine ausgewogene Ernährung kann dieser Mehrbedarf im Allgemeinen jedoch gut gedeckt werden, sodass die Einnahme von Vitamin- und Mineralstoffpräparaten nicht erforderlich ist. Sprich eine eventuelle Einnahme von Nahrungsergänzungsmitteln mit der Ärztin ab.

Auf die richtige Zufuhr einiger Nährstoffe, die nachfolgend etwas näher erklärt werden, ist jedoch besonders zu achten, damit Du Deinen Körper während der Stillzeit optimal unterstützt. In den im Rezeptteil angegebenen Rezepten wird darauf besonderes Augenmerk gelegt.

* **Vitamin A** wird oft mit der Gesundheit unserer Augen in Verbindung gebracht, dabei kann dieses Vitamin so viel mehr! Es hilft unter anderem, Haut und Schleimhäute gesund zu halten und stärkt das Immunsystem. In unseren Breiten und bei unserer Kost ist ein Vitamin-A-Mangel relativ unwahrscheinlich. Vitamin A kann man jedoch überdosieren. Auch hier ist diese Gefahr bei normaler Ernährung nicht gegeben. Du solltest jedoch vorsichtig mit Vitamin-A-Präparaten sein. Sprich die eventuelle Einnahme dieser Präparate mit Deiner Ärztin ab.
Vitamin A kommt nur in tierischen Lebensmitteln vor; es kann aber von unserem Körper auch aus β-Carotin (das nur in pflanzlichen Lebensmitteln enthalten ist), dem sogenannten Provitamin A, gebildet werden. Achte darauf, Speisen in Deinen Menüplan einzubauen, die β-Carotin und Vitamin A enthalten. Zu den β-Carotin- bzw. Vitamin-A-haltigen Lebensmitteln zählen unter anderem Gemüse, insbesondere Karotten, Spinat oder Grünkohl, sowie Leber. Ein zu häufiger Verzehr von Leber ist aufgrund der möglichen Schwermetallbelastung jedoch nicht empfehlenswert.

* **Vitamin D** ist für unsere Knochen unerlässlich; zudem ist es für die Muskelfunktion, die Zähne und das Immunsystem von Bedeutung. Bei ausreichender Sonnenexposition kann Vitamin D in der Haut selbst gebildet werden. Das ist aber in unseren

Breiten nicht immer der Fall. Um sicher zu gehen, solltest Du auch darauf achten, Lebensmittel in den Speiseplan einzubauen, die Vitamin D enthalten. Dazu zählen vor allem Fisch, Eigelb und verschiedene Pilze. Eine eventuelle Einnahme von Vitamin-D-Präparaten sollte mit der Ärztin besprochen werden.

* **Vitamin E:** Dieses Vitamin schützt unsere Zellen vor oxidativem Stress. Der Bedarf an Vitamin E ist während der Stillzeit erhöht, ein Mangel ist in unseren Breiten allerdings nicht sehr häufig. Um optimal versorgt zu werden, greifst Du am besten zu hochwertigen pflanzlichen Ölen (z. B. Rapsöl, Weizenkeimöl oder Sonnenblumenöl). Achte darauf, dass die Öle richtig gelagert werden. Dunkel und kühl gelagert, halten sie am längsten. Ab und zu eine Handvoll Nüsse und Samen liefert zusätzlich wertvolles Vitamin E.

WISSENSBOX: KOLOSTRUM UND VITAMIN E

* Kolostrum, die erste Milch, die nach der Geburt von Dir gebildet wird und die Dein Baby trinkt, ist unter anderem reich an Vitamin E. In den ersten Lebenstagen wird Dein Baby die eigene Menge an Vitamin E im Blut verdreifachen.

* **Vitamin B_6:** Dieses Vitamin ist sehr wichtig für stillende Mütter. Die Versorgung damit ist häufig etwas zu niedrig, vor allem, wenn die Ernährung der stillenden Mutter einseitig ist. Vitamin B_6 sorgt für ein intaktes Nervensystem und unterstützt die Immunab-

wehr. Zusätzlich spielt dieses Vitamin bei der Bildung der roten Blutkörperchen sowie im Proteinstoffwechsel eine Rolle und hilft mit, Müdigkeit und Abgeschlagenheit zu reduzieren. Zu den Vitamin-B_6-Lieferanten zählen unter anderem Huhn, Fisch, Kohl, Fisolen, Linsen, Bohnen, Feldsalat, Kartoffeln, Bananen und Vollkornprodukte.

* **Folat (Folsäure)** ist genauso wie Vitamin B_6 an der Blutbildung beteiligt, spielt aber auch eine Rolle bei der Zellteilung, im Immunsystem und im Proteinstoffwechsel. Eine ausreichende Versorgung mit Folsäure kann aber auch Müdigkeit und Abgeschlagenheit reduzieren. Dieses Vitamin kommt Dir vielleicht bekannt vor, denn es wird während der Schwangerschaft häufig in Form von Vitaminpräparaten gegeben, da es Babys vor dem sogenannten Neuralrohrdefekt schützt. Bestimmt hat Dich Deine Ärztin während Deiner Schwangerschaft darüber aufgeklärt, und wahrscheinlich hast auch Du ein geeignetes Präparat eingenommen. Auch während der Stillzeit ist der Bedarf an Folat erhöht, und es ist für Dich als stillende Mutter wichtig, auf eine ausreichende Versorgung mit Folat zu achten. Dieser Nährstoff wird in der Muttermilch konstant gehalten, unabhängig von Deiner eigenen Versorgung mit Folat. Das bedeutet: Auch wenn Dein Körper wenig Folat zur Verfügung hat, sorgt er dennoch dafür, dass die Muttermilch genügend davon beinhaltet. Das gleiche gilt im Übrigen auch für Kalzium. Gute Folatquellen sind Gemüse, insbesondere grüne Gemüsesorten wie Salat, Spinat, Fenchel, Brokkoli und diverse Kohlarten, Hülsenfrüchte wie z. B. Linsen, Bohnen, Erbsen oder Kichererbsen, Vollkornprodukte wie z. B. Brot, Gebäck, Müsli oder Vollkornteigwaren (feinvermahlene Vollkornprodukte werden besser vertragen), Obst wie z. B. Erdbeeren, Himbeeren, Orangen oder Bananen sowie Nüsse und Milchprodukte.

* **Kalzium** ist insbesondere für unsere Knochengesundheit und die Muskelfunktion wichtig. Außerdem spielt dieser Mineralstoff unter anderem bei der Blutgerinnung und der Zellteilung eine Rolle. Der Kalziumbedarf der stillenden Mutter ist im Vergleich zur nicht stillenden Mutter zwar nicht erhöht, aber genau wie bei Folat wird der Kalziumgehalt der Muttermilch zulasten der körpereigenen Versorgung konstant gehalten. Die regelmäßige Aufnahme von Kalzium ist in dieser Lebensphase besonders wichtig. Du kannst Deinen Kalziumbedarf durch die Aufnahme von drei bis vier Portionen Milch und/oder Milchprodukte pro Tag weitgehend abdecken. Das kann eine Portion Milch (200 ml) sein, aber auch eine Portion Joghurt (180–250 g) oder eine Scheibe Käse (50–60 g). Insbesondere Hartkäse ist eine sehr gute Kalziumquelle. Eine Portion Hartkäse deckt in etwa die Hälfte Deines täglichen Kalziumbedarfs ab. Eine gute Ergänzung für die Kalziumversorgung ist die Verwendung von kalziumhaltigem Mineralwasser. Dessen Kalziumgehalt kannst Du dem Etikett auf der Flasche entnehmen. Mineralwässer, die einen Gehalt von über 150 mg/l aufweisen, gelten als kalziumhaltig. Auch einige Gemüsearten wie Brokkoli, Lauch, Fenchel und Grünkohl liefern Kalzium.

* **Magnesium** spielt eine wichtige Rolle im Energiestoffwechsel und bei der Muskelfunktion. Außerdem kann es zur Reduktion von Müdigkeit und Abgeschlagenheit beitragen. Gute Magnesiumlieferanten sind unter anderem, Vollkornprodukte, Milch, Milchprodukte, Geflügel, Fisch, Sojabohnen, Kartoffeln sowie viele Gemüse- und Obstarten.

* **Eisen** ist unter anderem ein wichtiger Baustein unseres Blutfarbstoffs Hämoglobin, was wiederum wichtig für den Sauerstofftransport in unserem Körper ist. Eisen spielt aber auch im Immunsystem eine Rolle und trägt dazu bei, Müdigkeit und Abgeschlagenheit zu vermindern. Frauen haben aufgrund der Blutverluste über die Menstruation ein höheres Risiko für Eisenmangel als Männer. Stillen verzögert häufig die Rückkehr der Menstruation, was auf natürliche Weise die Eisenspeicher etwas schont. Nach der Geburt benötigen Frauen rund ein Drittel mehr Eisen als vor der Schwangerschaft. Bau also auch folgende Eisenquellen in Deine Ernährung ein: Fleisch (z. B. mageres Rindfleisch), Eier, grünes Blattgemüse (z.B. Spinat, Feldsalat, Kohlgemüse), Hülsenfrüchte (z. B. Erbsen, Bohnen, Linsen), Vollkorngetreideprodukte (z. B. Vollkornbrot, Hirse, Haferflocken), Nüsse (z. B. Mandeln, Haselnüsse, Walnüsse), Samen (z. B. Sesam, Sonnenblumenkerne, Kürbiskerne) und Trockenfrüchte (z. B. getrocknete Pflaumen und Aprikosen). Eisen aus tierischen Lebensmitteln ist für unseren Körper besser verfügbar als Eisen aus pflanzlichen Quellen.

* **Zink** ist ein wahres Multitalent und übernimmt in unserem Körper viele Funktionen. Unter anderem aktiviert es das Immunsystem, ist am Protein-, Kohlenhydrat- und Fettstoffwechsel beteiligt und für Haare, Nägel und Haut von Bedeutung. Zum Glück

findet sich dieser lebenswichtige Mineralstoff in vielen Lebensmitteln. Generell wird Zink jedoch aus tierischen Lebensmitteln besser aufgenommen als aus pflanzlichen. Der Zinkbedarf ist während der Stillzeit größer als zu jeder anderen Zeit im Leben der Frau. Gute Zinkquellen sind mageres Rindfleisch, Geflügel, Schweinefleisch, Eier, Milch, Käse und Weizenvollkorn.

* Zu den so wichtigen **Omega-3-Fettsäuren** zählt unter anderem die DHA (Docosahexaensäure). Dein Baby bekommt diese Fettsäure, die für eine gesunde Entwicklung seines Gehirns und seiner Augen so wichtig ist, über die Muttermilch. Stillenden Frauen wird daher empfohlen, mindestens 200 mg DHA pro Tag aufzunehmen. Diese Menge lässt sich mit 1–2 Fischmahlzeiten pro Woche erreichen. Besonders hohe Mengen sind in fettreichen Fischen wie Hering, Lachs und Lachsforelle zu finden. Wenn regelmäßig Fisch auf dem Speiseplan steht, kann die empfohlene Zufuhr an Omega-3-Fettsäuren über natürliche Lebensmittel gedeckt werden, sodass eine zusätzliche Aufnahme von Nahrungsergänzungsmitteln wie z. B. Fischölkapseln nicht notwendig ist. Verwende zudem Pflanzenöle, die reich an Omega-3-Fettsäuren sind, z. B. Raps-, Soja-, Walnuss- oder Leinsamenöl.

WOCHENPLAN UND TOP-LEBENSMITTEL WÄHREND DER STILLZEIT

In der Stillzeit ist eine ausgewogene Ernährung besonders wichtig. Auf der anderen Seite hast Du als Mutter weniger Zeit für das Kochen. Die gute Neuigkeit ist jedoch, dass eine ausgewogene Ernährung Dich vor Müdigkeit und Abgeschlagenheit schützen kann. Deshalb ist es trotz des zeitlichen Limits wichtig, die Zubereitung und Aufnahme Deiner Nahrung so einfach und zeitsparend wie möglich in den Alltag einzubauen.

Wochenplan

	TAG 1 (MO)	TAG 2 (DI)	TAG 3 (MI)
Frühstück	Powerfrühstück mit Banane und Nüssen **(S. 62)**	Müsli mit Milch, 1 Portion Obst	2 Scheiben Vollkornbrot mit Aufstrich oder Schnittkäse und 1 Portion Gemüse
Zwischenmahlzeit	2 Scheiben Dinkelbrot mit Hüttenkäse und 1 Portion Gemüse	1 kleine Handvoll Nüsse	1 Glas Buttermilch, 1 Portion Obst
Mittag	Bulgursalat mit Nüssen und 1 Vollkornweckerl **(S. 84)**	Gemüsesuppe, Zitronenspinat mit pochiertem Ei und 1 Vollkornweckerl **(S. 72, 88)**	Nudelsalat **(S. 82)**
Zwischenmahlzeit	Joghurt-Shake, 1 Portion Obst **(S. 65)**	Gemüsesticks und Dip, 2 Scheiben Dinkelbrot, 1 Portion Obst **(S. 70)**	Bananenfrappé, 1 kleine Handvoll Walnüsse **(S. 68)**
Abend	Raffinierte grüne Pasta mit Salat **(S. 90)**	Putensteaks in Paprikasauce mit Dill-Gurken-Salat und Reis **(S. 110)**	Chili con carne mit Bulgur, 1 Scheibe Vollkornbrot und Salat **(S. 106)**
Über den Tag verteilt	Ausreichend und regelmäßig trinken, am besten Mineralwasser, Leitungswasser,		

Top-Lebensmittel für die Stillzeit

- Alkoholfreie Getränke (z. B. Leitungswasser oder Mineralwässer)
- Gemüse (v. a. regionale und saisonale Sorten wie z. B. Spinat, Grünkohl, Fisolen, Brokkoli, Lauch, Fenchel, Karotten, Pilze)
- Hülsenfrüchte (z. B. Linsen, Erbsen und Bohnen)
- Obst (v. a. regionale und saisonale Sorten)
- Getreide (z. B. Vollkornbrot, Hirse, Dinkel, Haferflocken) und Erdäpfel
- Milch und Milchprodukte (z. B. Joghurt, Buttermilch, Käse)
- Fisch (z. B. Lachs, Lachsforelle, Hering)
- Fleisch (z. B. Hühner- und Putenfleisch, mageres Rindfleisch)
- Fette und Öle (v. a. hochwertige Pflanzenöle wie z. B. Olivenöl, Rapsöl, Walnuss-, Soja-, Lein-, Sesam-, Maiskeim-, Sonnenblumen-, Kürbiskern- und Traubenkernöl)
- Nüsse und Samen (z. B. Walnüsse, Kürbiskerne, Sesam)

TAG 4 (DO)	TAG 5 (FR)	TAG 6 (SA)	TAG 7 (SO)
1 Vollkornweckerl mit Putenschinken und 1 Portion Gemüse	Haferflocken mit Himbeeren und Buttermilch **(S. 64)**	Müsli mit Joghurt und Nüssen, 1 Portion Obst	1 Vollkornweckerl mit Schnittkäse und 1 Portion Gemüse
1 Portion Obst, 1 Becher Joghurt	2 Scheiben Vollkornbrot mit Aufstrich und 1 Portion Gemüse	1 Stück Vollkornweckerl mit Humus und Gemüsesticks	1 Becher Joghurt mit Getreideflocken, 1 Portion Obst
Salade Niçoise mit gebratener Forelle und 2 Scheiben Dinkelbrot **(S. 80)**	Lachs mit Lauch, Ofenkartoffeln und Salat **(S. 114)**	Mildes Kartoffelgulasch mit 2 Scheiben Dinkelbrot und Salat **(S. 103)**	Gelbe Paprikasuppe, Lammspieße mit Ofenkürbis, Frühkartoffeln mit Kräutertopfen und Salat **(S. 73, 107, 98)**
1 Glas Buttermilch, 1 Portion Obst, 1 Heidelbeermuffin **(S. 120)**	1 Schüssel Fruchtsalat, 1 Becher Joghurt	Topfencreme mit Heidelbeersauce, 1 Portion Obst **(S. 67)**	Zwetschken-Hirse-Kuchen, 1 Portion Obst **(S. 123)**
Spinat-Schafkäse-Strudel mit Tomatensoße und Kartoffeln **(S. 102)**	Couscoussalat mit Halloumi und Bohnen, 1 Scheibe Dinkelbrot **(S. 78)**	Gemischter Salat mit Joghurtdressing, Pizza mit zweierlei Belag **(S. 112)**	3 Scheiben Dinkelbrot mit Aufstrich (z. B. Guacamole) und Gemüsesticks

ungesüßte Früchte- und Kräutertees, verdünnte Obst- und Gemüsesäfte.

Regelmäßiges Essen ist während der Stillzeit besonders wichtig, um Leistungstiefs vorzubeugen. Zudem vergessen stillende Frauen häufig überhaupt auf die Nahrungsaufnahme, was es in weiterer Folge schwierig macht, alle Nährstoffe in genügender Menge zu sich zu nehmen. Drei Hauptmahlzeiten sollten es sein, und dazwischen darf „gesund gesnackt" werden.

Das Frühstück ist eine besonders wichtige Mahlzeit. Auch wenn Du nur schnell zu einem Müsli mit Milch und Obst greifst. Das kostet nicht viel Zeit und gibt Dir den ersten Kick, den Du am Morgen brauchst. Viele Menschen berichten, dass sie am Morgen mehr Energie haben, wenn sie etwas essen. Regelmäßiges Essen hilft auch dabei, Heißhungerattacken vorzubeugen. Wie ein geeigneter Wochenplan aussehen könnte, findest Du in der Tabelle auf Seite 56 und 57.

Tipp:

Achte bei der Lagerung von Obst und Gemüse auf die richtige Nachbarschaft. Viele Sorten produzieren das Reifegas Ethylen, das andere Sorten schneller reifen und verderben lässt. Viel Ethylen wird beispielsweise von Äpfeln, Birnen, Bananen, Marillen, Nektarinen, Zwetschken und Kiwis gebildet. Beim Gemüse zählen unter anderem Tomaten, Gurken, Paprika, Brokkoli, Karfiol, Lauch, Pilze, Spinat und Kartoffeln zu den Ethylen-Produzenten. Lagere diese Obst- und Gemüsesorten daher getrennt von anderen Sorten, da diese sonst schneller reifen.

OBST-/GEMÜSESORTE	LAGERUNG
Kartoffeln	Trocken und dunkel. Die Kartoffeln sollten kühl, aber nicht kalt gelagert werden (ca. 10°C), am besten in einer Vorratskammer oder im Keller.
Wurzelgemüse (Karotten, Sellerie, Petersilienwurzeln etc.)	Sollten kühl und dunkel gelagert werden, entweder in der Vorratskammer bzw. im Keller oder im Gemüsefach des Kühlschranks. Dieser schützt vor Licht und Wärme.
Brokkoli, Karfiol, Lauch	Am besten im Gemüsefach des Kühlschranks lagern.
Tomaten	Lagert man Tomaten zu kühl, so verlieren sie ihr Aroma. Deshalb sollten sie nicht im Kühlschrank aufbewahrt werden, sondern an einem kühlen und schattigen Ort, idealerweise bei 15°C.
Gurken	Gurken sind sehr kälteempfindlich und sollten nicht im Kühlschrank aufbewahrt werden. Hingegen fühlen sie sich bei etwa 12°C an einem dunklen Ort wohl.
Bananen	Auch Bananen sind kälteempfindlich und haben im Kühlschrank nichts verloren. Sie fühlen sich bei etwa 12°C am wohlsten.
Zitrusfrüchte (Zitronen, Orangen, Grapefruit)	Der Raum, in dem sie gelagert werden, kann ruhig eine höhere Luftfeuchtigkeit haben. Um die ca. 8°C tut diesem Obst gut. Kälte jedoch vertragen diese Früchte nicht; sie werden dann leicht bitter.
Äpfel	Auch Äpfel fühlen sich am wohlsten in einer Vorratskammer oder in einem trockenen Keller. Zwischen 8 und 10°C sollte die Temperatur in etwa betragen.

REZEPTE FÜR DIE BESONDEREN BEDÜRFNISSE WÄHREND DER STILLZEIT

Bei der Auswahl unserer Rezepte haben wir besonders darauf geachtet, Gerichte zu wählen, die Dich gut mit allem versorgen, was Dein Körper während der Stillzeit braucht. Wenn Du bunt und vielfältig isst und aus unserem vielfältigen Rezeptangebot wählst, bist Du in der Regel gut mit allen wichtigen Nährstoffen versorgt.

Symbole für die folgenden Rezeptseiten

Wir haben für Dich die Zutaten für die Rezepte farblich markiert, damit Du beim Einkaufen Zeit sparen kannst. Viele Zutaten kannst Du auf Vorrat kaufen, sofern Du diese nicht ohnehin schon zu Hause hast. Alles was sich gut hält und im Vorratsschrank aufbewahrt werden kann, ist rot markiert. Frische Zutaten findest Du auf einen Blick gekennzeichnet durch einen blauen Punkt.

- **aus dem Vorratsschrank**
- **aus dem Kühlschrank/frische Zutaten**

SCHNELL ZUBEREITET

*** **KANN EINGEFROREN WERDEN**

KANN VORGEKOCHT WERDEN

SNACK-/FINGERFOOD/KALT GENIESSBAR

FRÜHSTÜCK UND ZWISCHENDURCH

POWERFRÜHSTÜCK MIT BANANE UND NÜSSEN

Zutatenliste für 2 Personen

- **3 EL Haferflocken**
- **2 EL Walnüsse**
- **2 EL Haselnüsse**
- **1 Banane**
- **400 g Magerjoghurt**
- **3 EL Ahornsirup (alternativ kann Honig genommen werden)**
- **2 EL Kokosraspeln**
- **etwas Zitronensaft**

So wird's gemacht:

- Haferflocken mit etwas kochendem Wasser aufgießen und 3 Minuten quellen lassen.
- Die Nüsse grob hacken und die Banane in Scheiben schneiden.
- Das Joghurt mit dem Ahornsirup oder dem Honig vermischen und alle weiteren Zutaten einrühren.
- Mit etwas Zitronensaft abschmecken.
- Sofort servieren, damit die Banane nicht braun wird bzw. Banane erst kurz vor dem Servieren zugeben, falls Du das Müsli nicht gleich essen möchtest.

Nährwert pro Portion	
Energie	1.670 kJ (400 kcal)
Eiweiß	12,5 g
Kohlenhydrate	50,5 g
Fett	15,4 g

WISSENSBOX: NÜSSE

* Nüsse können aufgrund ihrer Zusammensetzung einen wertvollen Beitrag für eine ausgewogene Ernährung leisten. Vor allem Walnüsse zeichnen sich durch ihren hohen Gehalt an mehrfach ungesättigten Fettsäuren aus.
* Nüsse haben jedoch auch einen hohen Kaloriengehalt und können, wenn sie in größeren Mengen genossen werden, einen Einfluss auf unser Körpergewicht haben. Eine Handvoll Nüsse hat ca. 150 Kalorien, das entspricht in etwa einem Becher Naturjoghurt oder zwei Portionen Obst.
* Greif regelmäßig zu Nüssen, aber achte dabei auf die Menge. Nüsse können in den Speiseplan eingebaut werden, indem sie beispielsweise in ein Müsli eingerührt oder als Zwischendurch-Snack vormittags oder nachmittags verzehrt werden.
* Nüsse am besten ungeröstet und ungesalzen konsumieren.

HAFERFLOCKEN MIT HIMBEEREN UND BUTTERMILCH

Zutatenliste für 1 Person

- 3 EL zarte Haferflocken
- 100 ml Buttermilch
- 100 g frische Himbeeren

So wird's gemacht:

- Haferflocken mit Buttermilch anrühren und kurz quellen lassen.
- Zum Schluss gewaschene Himbeeren unterrühren und genießen.

Nährwert pro Portion	
Energie	745 kJ (175 kcal)
Eiweiß	8,8 g
Kohlenhydrate	26,7 g
Fett	2,8 g

Tipp:
Natürlich kannst Du diesen schnellen Snack bzw. dieses schnelle Frühstück auch mit jedem anderen Obst anrichten. Greif zu Obst, das Du möglichst regional und saisonal bekommst.

WISSENSBOX: BUTTERMILCH

* Vor allem wenn man auf die Kalorienzufuhr achtet, ist Buttermilch eine echte Alternative zu fettreicheren Milchprodukten. Sie hat nur 1 % Fett und enthält wertvolles Milchkalzium.

JOGHURT-SHAKE

Zutatenliste für 1 Person

- 100 g mageres Joghurt
- 100 g Erdbeeren

So wird's gemacht:

→ Joghurt und Erdbeeren mit einem Stabmixer pürieren.

Nährwert pro Portion	
Energie	725 kJ (175 kcal)
Eiweiß	10,7 g
Kohlenhydrate	25,9 g
Fett	1,3 g

Tipp:
Am besten ist der Shake, wenn er frisch zubereitet wird, da er ansonsten durch die Erdbeeren etwas nachbräunen kann. Natürlich kannst Du statt der Erdbeeren auch andere Obstsorten verwenden.

TOPFENCREME MIT GETROCKNETEN FRÜCHTEN

Zutatenliste für 2 Personen

- **200 g Magertopfen (Magerquark)**
- **etwas Mineralwasser**
- **1 Vanilleschote**
- **1 EL Ahornsirup**
- **getrocknete Früchte (nach Geschmack)**

So wird's gemacht:

- Topfen in einer Schüssel cremig rühren. Einen Schuss Mineralwasser unterrühren, damit der Topfen noch cremiger wird.
- Vanilleschote auskratzen und zusammen mit dem Ahornsirup unter den Topfen heben.
- Topfencreme zusammen mit den getrockneten Früchten servieren.

Nährwert pro Portion	
Energie	845 kJ (200 kcal)
Eiweiß	14,4 g
Kohlenhydrate	33,3 g
Fett	<1 g

Tipp:
Statt getrockneter Früchte kannst Du auch selbst hergestellte Fruchtchips verwenden. Heize dazu das Backrohr auf 120 °C vor, schneide Obst nach Wahl (Banane, Kiwi, Apfel etc.) in hauchdünne Scheiben und verteile diese auf einem mit Backpapier ausgelegten Blech. Nach ca. 1 Stunde sind die Chips getrocknet und essfertig.

TOPFENCREME MIT HEIDELBEERSAUCE

Zutatenliste für 2 Personen

- **200 g Magertopfen (Magerquark)**
- **etwas Mineralwasser**
- **1 Vanilleschote**
- **1 EL Ahornsirup**
- **1 Becher Heidelbeeren (die Heidelbeeren können auch gefroren aus dem Tiefkühlschrank genommen werden)**
- **1 EL Honig**

So wird's gemacht:

- **Topfencreme:** Siehe voriges Rezept.
- Heidelbeeren und Honig in einem kleinen Topf bei mittlerer Hitze zugedeckt 10 Minuten kochen und anschließend über die Topfencreme gießen.

Nährwert pro Portion	
Energie	745 kJ (180 kcal)
Eiweiß	14,3 g
Kohlenhydrate	25,3 g
Fett	1,0 g

Tipp:
Frische Heidelbeeren kannst Du auch ohne sie vorher zu kochen einfach pürieren.

BANANENFRAPPÉ

Zutatenliste für 1 Person

- 1 reife Banane
- 1 Tasse Milch
- ½ Tasse Orangensaft

So wird's gemacht:

Alle Zutaten mit einem Stabmixer pürieren. Das Frappé kann sofort genossen oder im Kühlschrank kalt gestellt werden.

Nährwert pro Portion	
Energie	945 kJ (225 kcal)
Eiweiß	8,5 g
Kohlenhydrate	38,0 g
Fett	3,5 g

Tipp:
Dieser Drink eignet sich hervorragend für zwischendurch und ist besonders geeignet, wenn die Zeit wieder einmal zu kurz wird. Mixe in der Früh alles zusammen und genieße den Drink über den Tag verteilt. Bewahre ihn in der Zwischenzeit im Kühlschrank auf. Zudem eignet sich das Frappé auch hervorragend als Basis für Müsli.

GEMÜSESTICKS MIT DIP

Zutatenliste für 2 Personen

- **300 g Gemüse (z.B. Karotten, Paprika, Gurken)**
- **150 g mageres Joghurt**
- **2 EL Sauerrahm**
- **Salz, Pfeffer**
- **1 TL Estragonsenf**
- **2 Tropfen Tabasco**
- **1 hart gekochtes Ei**
- **1 Essiggurke**
- **1 Bund frischer Schnittlauch**
- **Saft einer halben Zitrone**

So wird's gemacht:

- Gemüse waschen und in Streifen schneiden.
- Für den Dip Joghurt und Sauerrahm verrühren, Salz, Pfeffer, Senf und Tabasco zugeben.
- Das hartgekochte Ei und die Essiggurke hacken. Schnittlauch kleinschneiden. Alle Zutaten zum Joghurt-Sauerrahm-Gemisch zugeben.
- Zitronensaft unterrühren und nochmals abschmecken.

Nährwert pro Portion	
Energie	745 kJ (180 kcal)
Eiweiß	11,2 g
Kohlenhydrate	14,7 g
Fett	7,5 g

Tipp:
Der Dip ist eine köstliche Alternative zu Mayonnaisen und kann beispielsweise auch als Grill- oder Fonduesauce verwendet werden.

SUPPEN

GEMÜSESUPPE

Zutatenliste für 4 Personen

- 2 Karotten
- 2 Kartoffeln
- 1 Scheibe Knollensellerie
- 2 Petersilienwurzeln
- 1 Kohlrabi
- 1 EL Rapsöl
- Pfeffer
- Suppenwürfel/-würze
- 1 Bund Petersilie

So wird's gemacht:

- Das Gemüse putzen, waschen und klein schneiden.
- In einem großen Topf Öl erhitzen und das Gemüse darin ca. 2 Minuten anrösten.
- Danach mit Wasser aufgießen, bis das Gemüse bedeckt ist.
- Die Suppe mit Pfeffer und evtl. einem halben Suppenwürfel bzw. etwas Suppenwürze würzen und ca. 20 Minuten kochen.
- Sobald das Gemüse weich ist, kann die Suppe püriert, nochmals abgeschmeckt und mit der frisch geschnittenen Petersilie serviert werden.

Nährwert pro Portion	
Energie	290 kJ (70 kcal)
Eiweiß	2,6 g
Kohlenhydrate	6,8 g
Fett	3,4 g

Tipp:
Das Gemüse ist beliebig austauschbar. Greif zu saisonalen Gemüsesorten!

GELBE PAPRIKASUPPE

Zutatenliste für 4 Personen

- **4 gelbe Paprika**
- **1 EL Rapsöl**
- **Suppenwürfel/-würze**
- **Pfeffer**
- **Curry (nach Geschmack)**
- **1 EL Sauerrahm**
- **1 EL gehackter Schnittlauch**

So wird's gemacht:

- Paprika putzen, waschen und klein schneiden.
- Rapsöl in einem Topf erhitzen und den Paprika darin 2 Minuten anschwitzen lassen.
- Mit ca. ¾ l Wasser aufgießen und den Suppenwürfel bzw. die Suppenwürze zugeben.
- Ca. 10 Minuten auf kleiner Stufe köcheln lassen und die Suppe danach mit einem Stabmixer pürieren.
- Mit Pfeffer und Currypulver abschmecken.
- Sauerrahm einrühren, nochmals kurz aufkochen lassen und mit frischem Schnittlauch servieren.

Nährwert pro Portion	
Energie	377 kJ (90 kcal)
Eiweiß	2,7 g
Kohlenhydrate	9,1 g
Fett	4,7 g

Tipp:
Achte beim Einkauf von Suppenwürfeln bzw. Suppenwürze auf Qualität. Hervorragende Produkte gibt es vor allem in Reformhäusern. Sie haben einen geringeren Salzgehalt, enthalten keine Zusatzstoffe und werden aus Zutaten aus biologischem Anbau hergestellt.

SCHNELLE TOMATENSUPPE

Zutatenliste für 4 Personen

- 1 EL Olivenöl
- 2 Frühlingszwiebeln (je nach Verträglichkeit)
- 1 Dose passierte Tomaten
- 2 TL Pesto
- Salz, Pfeffer
- etwas Balsamicoessig
- 2 EL Pinienkerne

So wird's gemacht:

- Das Öl in einem Topf erhitzen und die geschnittenen Zwiebeln darin glasig dünsten.
- Die passierten Tomaten zugeben und evtl. mit etwas Wasser verdünnen.
- Die Suppe aufkochen lassen, das Pesto einrühren und mit Salz, Pfeffer und einem Schuss Balsamicoessig abschmecken.
- Vor dem Servieren können noch ein paar geröstete Pinienkerne darübergestreut werden.

Nährwert pro Portion	
Energie	575 kJ (140 kcal)
Eiweiß	4,5 g
Kohlenhydrate	5,2 g
Fett	11,0 g

Tipp:
Diese Suppe schmeckt auch kalt hervorragend und kann in größeren Mengen vorgekocht werden. Gut dazu passt gegrillter Halloumi oder gehobelter Parmesan. Um den Halloumi zu grillen, wird er mit etwas Öl bestrichen und in einer Grillpfanne beiderseits angebraten. Wer die Suppe etwas würziger haben möchte, kann zum Schluss noch mit etwas Tabasco abschmecken.

KALTE GURKENSUPPE

Zutatenliste für 4 Personen

- 2 Gurken
- 1 grüner Paprika
- 2 Karotten
- 4 Frühlingszwiebeln
- 3 Stiele Stangensellerie
- 300 ml Tomatensaft
- 2 EL Olivenöl
- Salz, Pfeffer

So wird's gemacht:

- Die Gurken schälen, halbieren und die Kerne entfernen. Paprika waschen, entkernen und in kleine Würfel schneiden.
- Das restliche Gemüse waschen, putzen und klein schneiden.
- Alle Zutaten mit einem Stabmixer pürieren und mit dem Tomatensaft und dem Olivenöl verrühren.
- Zum Schluss die Kaltschale mit Salz und Pfeffer abschmecken.

Nährwert pro Portion	
Energie	500 kJ (120 kcal)
Eiweiß	3,0 g
Kohlenhydrate	11,1 g
Fett	6,7 g

LOUNGE CLUB
Long

COUSCOUSSALAT MIT HALLOUMI UND WEISSEN BOHNEN

Zutatenliste für 4 Personen

- 250 g Couscous
- 1 Dose weiße Bohnen
- 1 Paprika
- ½ Fenchelknolle
- 6 Kirschtomaten (statt Kirschtomaten können auch sonnengetrocknete Tomaten verwendet werden; diese schmecken etwas intensiver)
- Frühlingszwiebeln nach Geschmack und Verträglichkeit
- 1 Packung Halloumi-Käse (dieser kann zuvor würfelig geschnitten und gegrillt werden oder den Salat ungegrillt verfeinern)
- frische Kräuter nach Geschmack (Zitronenthymian passt hervorragend zu diesem Rezept)
- Salz, Pfeffer
- Saft einer Zitrone

So wird's gemacht:

- Couscous nach Packungsanleitung zubereiten und abkühlen lassen.
- Bohnen abtropfen lassen und waschen. Gewaschene und gewürfelte Paprika zugeben. Fenchel in feine Streifen schneiden und zusammen mit den halbierten Kirschtomaten, den klein gehackten Zwiebeln und dem gewürfelten Käse zugeben. Mit Kräutern verfeinern. Mit Salz, Pfeffer und Zitronensaft abschmecken.

Nährwert pro Portion	
Energie	2.190 kJ (520 kcal)
Eiweiß	29,9 g
Kohlenhydrate	54,8 g
Fett	19,7 g

Tipp:
Falls Du den Salat erst am nächsten Tag genießen möchtest, gibst Du die frischen Tomaten erst kurz vor dem Servieren dazu.

WISSENSBOX: FENCHEL

* Fenchel ist neben anderen Gemüsearten (wie z. B. Salat, Spinat, Brokkoli und diversen Kohlarten), Hülsenfrüchten, Vollkornprodukten, Obst sowie Nüssen und Milchprodukten ein guter Folatlieferant und hat zudem nur wenig Kalorien. Man kann die Knolle roh als Zutat in einem Salat essen, aber auch dünsten oder im Ofen überbacken. Fenchelsamen eignen sich z. B. gut für indische Gerichte (beispielsweise Curry) und können auch anstelle von Kümmel in Kraut-, Bohnen- und Linsengerichten verwendet werden.

Tipp:
Sonnengetrocknete Tomaten gibt es in Öl eingelegt im Glas oder als Trockenprodukt. Besser eignet sich das Trockenprodukt. Wenn Du dieses verwendest, solltest Du die Tomaten zuvor klein schneiden und in etwas heißem Wasser quellen lassen.

SALADE NIÇOISE MIT GEBRATENER FORELLE

Zutatenliste für 4 Personen

- 400 g kleine Kartoffeln
- 2 Eier
- 2 Forellenfilets
- etwas Öl zum Anbraten der Fischfilets
- 1 Eisbergsalat (oder sonstiger regionaler und saisonaler Salat)
- 1 rote Paprika
- 2 Tomaten
- 4 Artischocken (aus dem Glas)
- 2 Frühlingszwiebeln
  (je nach Verträglichkeit können diese auch weggelassen werden)
- Salz, Pfeffer
- Saft einer halben Zitrone
- 2 EL Olivenöl

So wird's gemacht:

- Kartoffeln gar kochen, schälen und vierteln.
- Eier mindestens 7 Minuten hart kochen, kalt abschrecken, schälen und vierteln.
- Fischfilets in einer beschichteten Pfanne in wenig Öl anbraten.
- Salat gut waschen, abtropfen lassen und in eine große Salatschüssel geben.
- Paprika, Tomaten und Artischocken schneiden und Frühlingszwiebel hacken. Alles in die Salatschüssel geben.
- Den Salat salzen und pfeffern. Für das Dressing Zitronensaft mit Olivenöl vermengen und über den Salat geben.
- Den Salat anrichten und zum Schluss den Fisch und das Ei darauflegen.

Nährwert pro Portion	
Energie	1.330 kJ (320 kcal)
Eiweiß	25,7 g
Kohlenhydrate	22,2 g
Fett	13,3 g

WISSENSBOX: SALADE NIÇOISE

* Salade Niçoise wird traditionellerweise mit Thunfisch zubereitet. Da Thunfisch aber stärker schwermetallbelastet sein kann, ist gebratene Forelle hier eine schmackhafte Alternative. Forelle liefert wertvolles Vitamin D und trägt dazu bei, Deinen Bedarf an ungesättigten Fettsäuren zu decken.

Tipp:
Falls Du den Salat schon einige Zeit vor dem Verzehr vorbereiten möchtest, ist das gar kein Problem. Gib jedoch das Dressing erst kurz vor dem Servieren darüber. Dieses Gericht schmeckt besonders gut mit einer Scheibe knusprigem Vollkornbrot. Achte jedoch beim Einkauf von Brot und Gebäck darauf, tatsächlich Sorten zu kaufen, die einen hohen Vollkornanteil haben. Sieh daher beim Einkauf von Gebäck auf die Zutatenliste und frag beim Bäcker nach dem Vollkornanteil.

NUDELSALAT

Zutatenliste für 2 Personen

- **200 g Nudeln (probier auch einmal Vollkornnudeln, Dinkelnudeln, Nudeln aus Amarant etc.)**
- **6 (kernlose) Oliven**
- **100 g Feta**
- **8 Stück sonnengetrocknete Tomaten**
- **1 grüne Paprika**
- **Frühlingszwiebeln (nach Geschmack und Verträglichkeit)**
- **frischer Basilikum**
- **Salz, Pfeffer**
- **etwas Weinessig**
- **1 EL Olivenöl**

So wird's gemacht:

- Pasta nach Packungsanleitung kochen, abseihen und anschließend zum Abkühlen auf die Seite stellen.
- Oliven, Feta, getrocknete Tomaten und Paprika klein schneiden.
- Falls Du Frühlingszwiebeln zugeben möchtest, schneide diese in dünne Scheiben.
- Gewaschenen Basilikum klein schneiden.
- Alle Zutaten mit der abgekühlten Pasta vermengen und mit Salz und Pfeffer würzen.
- Je nach Geschmack mit Essig und etwas Öl marinieren.

Nährwert pro Portion	
Energie	2.560 kJ (610 kcal)
Eiweiß	23,5 g
Kohlenhydrate	79,3 g
Fett	21,2 g

WISSENSBOX: KRÄUTER

* Werden Kräuter gehackt, kann es passieren, dass die in den Kräutern enthaltenen ätherischen Öle verloren gehen. Man erkennt das, wenn sich das Schneidbrett grün färbt. Deshalb ist es viel besser, die Kräuter nur zu schneiden.

Tipp:
Du kannst entweder in Öl eingelegte, sonnengetrocknete Tomaten kaufen (solltest dabei aber auf die Qualität achten) oder Du kaufst nicht eingelegte getrocknete Tomaten. Diese sind länger haltbar und enthalten kein Fett. Nicht in Öl eingelegte sonnengetrocknete Tomaten werden geschnitten, mit heißem Wasser überbrüht und eingeweicht, bevor sie in den Salat kommen. Dieses Gericht eignet sich hervorragend als Snack. Im Kühlschrank aufbewahrt, kann man den Salat auch am nächsten Tag noch genießen. Er wird dadurch sogar noch etwas saftiger. Stell Dir eine Schüssel bereit und gönn Dir davon zwischendurch eine Jause, wenn es die Zeit erlaubt!

BULGURSALAT MIT NÜSSEN

Zutatenliste für 4 Personen

- 1 TL Kreuzkümmel
- 200 g Bulgur (alternativ kann hier auch Buchweizen verwendet werden)
- 3 EL Weißweinessig
- 4 EL Walnussöl
- Salz, Pfeffer
- 50 g Walnüsse
- 30 g Rosinen
- 8 Cocktailtomaten
- 1 Feld- oder Salatgurke
- 1 Bund Petersilie
- Zitronenthymian nach Geschmack
- 3 Frühlingszwiebeln
- Saft einer Zitrone

So wird's gemacht:

- 400 ml Salzwasser zum Kochen bringen, Kreuzkümmel einrühren und Bulgur zugeben. Den Bulgur zugedeckt bei schwacher Hitze 25 Minuten kochen. Er ist fertig, wenn das Wasser ganz aufgesogen ist.
- Für die Marinade Essig und Öl mischen und mit Salz und Pfeffer würzen. Die Marinade über den Bulgur geben und anschließend ca. eine Stunde ziehen lassen.
- Die Nüsse grob hacken. Die Rosinen in heißem Wasser einweichen.
- Die Tomaten und die Gurke waschen und grob schneiden.
- Kräuter und Frühlingszwiebeln waschen und klein schneiden.
- Rosinen abtropfen lassen und zusammen mit den Nüssen, Tomaten, Zwiebeln, der Gurke und den Kräutern zum Bulgur geben. Den Salat evtl. noch ziehen lassen.
- Kurz vor dem Servieren den Zitronensaft dazumischen.

Nährwert pro Portion	
Energie	1.740 kJ (415 kcal)
Eiweiß	8,4 g
Kohlenhydrate	49,2 g
Fett	19,8 g

Tipp:

Damit der Kreuzkümmel sein volles Aroma entwickelt, kann dieser zuerst in einer Pfanne geröstet werden. Falls Dir der Geschmack dieses Gewürzes zu intensiv ist, kannst Du es auch ganz weglassen. Um dem Salat eine besondere Note zu geben, können die Walnüsse zuvor in einer beschichteten Pfanne mit etwas Zucker karamellisiert werden.

KAROTTENSALAT MIT ZITRONE, NÜSSEN UND KRÄUTERN

Zutatenliste für 2 Personen

- **5 mittelgroße Karotten**
- **1 TL Walnussöl**
- **Saft einer halben Zitrone**
- **150 ml Joghurt**
- **4 EL grob gehackte Walnüsse**
- **1 Bund Petersilie (je nach Vorhandensein können auch andere Kräutersorten verwendet werden)**
- **Salz, Pfeffer**
- **1 Prise Zucker**

So wird's gemacht:

- Die Karotten putzen und klein raspeln.
- Walnussöl, Zitronensaft, Joghurt, gehackte Walnüsse, geschnittene Petersilie, Salz, Pfeffer und eine Prise Zucker vermischen und abschmecken.
- Die Marinade über die Karotten geben und servieren.

Nährwert pro Portion	
Energie	895 kJ (215 kcal)
Eiweiß	6,3 g
Kohlenhydrate	20,9 g
Fett	11,2 g

VEGETARISCHE HAUPTSPEISEN

INDISCHES DHAL MIT ROTEN LINSEN

Zutatenliste für 4 Personen

- 200 g rote Linsen
- 1 EL Gewürzmischung Garam Masala
- 1 EL Kurkuma
- 1 EL Kreuzkümmel
- 1 Zwiebel
- 2 EL Rapsöl
- 1 Dose Kokosmilch
- Ingwer
- Salz

Tipp:
Dazu passen Reis oder indisches Fladenbrot (Ciabatti) sowie ein Gurkensalat (z. B. mit Apfelessig-Öl-Dressing und gehacktem Dill) hervorragend.

So wird's gemacht:

- Die Linsen eine halbe Stunde vor dem Kochen in etwas Wasser einweichen.
- Gewürze in einer heißen Pfanne kurz unter ständigem Rühren rösten, bis ein angenehmer Duft entsteht. Dabei dürfen die Gewürze nicht zu dunkel werden.
- Gehackte Zwiebel in heißem Öl dünsten.
- Linsen zusammen mit etwas Wasser und der Hälfte der Kokosmilch zur Zwiebel geben.
- Etwas geriebenen Ingwer nach Geschmack zugeben.
- Dhal ca. 15–20 Minuten leicht vor sich hin köcheln lassen. Eventuell noch etwas Kokosmilch oder Wasser zugeben. Das Gericht ist fertig, wenn die Linsen zerfallen.
- Zum Schluss mit Salz abschmecken.

Nährwert pro Portion	
Energie	880 kJ (210 kcal)
Eiweiß	12,7 g
Kohlenhydrate	22,9 g
Fett	7,3 g

WISSENSBOX

* Garam Masala ist eine typisch indische Gewürzmischung, die man im Reformhaus, in einem indischen Fachgeschäft oder auf Märkten bekommt.

ZITRONENSPINAT MIT POCHIERTEM EI

Zutatenliste für 2 Personen

- 400 g Spinat frisch (oder 200 g tiefgekühlter Blattspinat)
- 1 Bio-Zitrone
- 2 Frühlingszwiebeln
- evtl. 1 Zehe Knoblauch (je nach Verträglichkeit)
- 2 EL Rapsöl
- eine Prise Muskatnuss
- Salz, Pfeffer
- 1 EL Sauerrahm
- 2 Eier
- etwas Essig für das Kochwasser

So wird's gemacht:

- Frischen Spinat waschen und putzen. Falls tiefgekühlter Spinat verwendet wird, diesen nach Packungsanleitung auftauen.
- Die Bio-Zitrone waschen, abtrocknen und die Schale abreiben. 3 TL Zitronensaft auspressen.
- 2 Frühlingszwiebeln und evtl. 1 Zehe Knoblauch klein hacken. Rapsöl erhitzen und Zwiebel und Knoblauch glasig dünsten.
- Spinat und Zitronensaft zugeben und zugedeckt 3 Minuten garen.
- Mit Muskatnuss, Salz und Pfeffer abschmecken.
- Zitronenschale beigeben und unterrühren.
- Sauerrahm zugeben, nochmals erhitzen und durchrühren.

Nährwert pro Portion	
Energie	1.120 kJ (270 kcal)
Eiweiß	14,6 g
Kohlenhydrate	5,7 g
Fett	20,1 g

Tipp:
Statt dem pochierten Ei kannst Du natürlich auch Eierspeise oder ein hart gekochtes Ei servieren.

→ Für das **pochierte Ei:**
Damit das Pochieren klappt, benötigst Du ganz frische, kalte Eier und ein wenig Essig (ca. 100 ml) für das Kochwasser! Das Ei wird vorsichtig in ein Schälchen oder eine Tasse geschlagen. Bring nun Wasser in einem Topf zum Kochen und füge den Essig dazu. Lass das kochende Wasser danach wieder bis zum Siedepunkt abkühlen (d.h. bis zu jenem Punkt, an dem das Wasser gerade nicht mehr kocht). Nimm einen Schneebesen zur Hand und rühre im Wasser, bis ein Strudel entsteht. Lass nun das Ei in den Strudel gleiten. Durch den Strudel wird das Eiweiß um den Dotter gedreht. Nach etwa 5–7 Minuten ist das Ei fertig. Heb es mit einem großen Löffel aus dem Wasser.

WISSENSBOX: SPINAT

* Bereits ab März findest Du am heimischen Markt den ersten Frühlingsspinat. Dieser Spinat ist besonders zart und kann auch roh als Salat genossen werden. Spinat aus der Sommer- und Herbsternte ist hingegen etwas herber. Wickelt man frischen Spinat in ein feuchtes Tuch und lagert ihn im Kühlschrank, so hält er sich bis zu 2 Tagen. Während der Stillzeit braucht Dein Körper unter anderem etwas mehr Vitamin C, Folat und Eisen als vor der Schwangerschaft. Spinat ist ein guter Lieferant für diese Nährstoffe. Um den Nitratgehalt im Spinat möglichst niedrig zu halten, sollte das Kochwasser von Spinat nicht wiederverwendet und sollten Spinatgerichte nicht lange warmgehalten werden. Reste möglichst rasch abkühlen und im Kühlschrank aufbewahren.

RAFFINIERTE GRÜNE PASTA

Zutatenliste für 2 Personen

- 150 g Brokkoli
- ½ Zucchino
- 2 Frühlingszwiebeln
- 200 g Zuckererbsenschoten (frisch oder tiefgekühlt; alternativ können auch tiefgekühlte Sojabohnen verwendet werden)
- 240 g Linguini (oder andere Pasta nach Wahl)
- 1 EL Rapsöl
- Salz, Pfeffer
- 1 Prise Muskatnuss
- 3 EL grünes Pesto

So wird's gemacht:

- Brokkoli waschen und in kleine Röschen teilen. Zucchino waschen und in dünne Stifte schneiden. Frühlingszwiebeln waschen und in dünne Ringe schneiden. Erbsenschoten entweder nach Packungsanleitung auftauen oder zusammen mit dem Brokkoli 2 Minuten in kochendem Wasser kochen. Danach abgießen und kalt abschrecken, damit das Gemüse seine schöne Farbe bewahrt.
- Die Nudeln nach Packungsanleitung bissfest kochen.
- In einer Pfanne Öl erhitzen und die Frühlingszwiebeln darin anschwitzen. Den Zucchino zugeben und für ca. 3 Minuten mitdünsten, bis er glasig ist. Brokkoli und Erbsenschoten zugeben und weitere 2 Minuten mitdünsten.
- Die fertigen Nudeln zum Gemüse geben und mit Salz, Pfeffer und etwas Muskatnuss abschmecken. Zum Schluss je nach Geschmack etwa 3 EL Pesto zugeben und gut vermischen.

Nährwert pro Portion	
Energie	2.610 kJ (625 kcal)
Eiweiß	25,1 g
Kohlenhydrate	87,8 g
Fett	18,5 g

Tipp:

Das Pesto kann auch in größeren Mengen und auf Vorrat selbst zubereitet werden. Dazu werden 20 g Basilikumblätter, 20 g Petersilie, 20 g frisch geriebener Grana Padano oder Parmesan, 2 EL Zitronensaft, Salz und 15 EL Olivenöl mit einem Stabmixer püriert. Wenn Du das Pesto auf Vorrat zubereitest, achte darauf, dass es in einem gut vorgereinigten Schraubglas dicht verschlossen und kühl und dunkel (am besten im Kühlschrank) gelagert wird.

SPAGHETTI AL LIMONE

Zutatenliste für 4 Personen

- 2 Bio-Zitronen
- 1 Bund Petersilie
- 3 Frühlingszwiebeln
- 500 g Spaghetti
- 3 EL Olivenöl
- Salz, Pfeffer
- 120 g frisch geriebener Parmesan

So wird's gemacht:

- Zitrone waschen, abtrocknen, Zitronenschale abreiben und Saft auspressen. Petersilie waschen und schneiden. Die Frühlingszwiebeln in dünne Ringe schneiden.
- Die Spaghetti nach Packungsanleitung al dente kochen und abgießen.
- In einem Topf Olivenöl erwärmen, die Zwiebeln darin anrösten, die Pasta hinzufügen, kurz erwärmen und mit Zitronenschale, Zitronensaft und Petersilie vermengen.
- Mit Salz und Pfeffer abschmecken, mit Parmesan bestreuen und gleich servieren.

Nährwert pro Portion	
Energie	2.760 kJ (660 kcal)
Eiweiß	25,5 g
Kohlenhydrate	90,9 g
Fett	20,0 g

Tipp:
Probier statt der herkömmlichen Spaghetti auch einmal Dinkelnudeln oder andere Vollkornteigwaren!

SPAGHETTI MIT KRÄUTERSEITLINGEN

Zutatenliste für 4 Personen

- 500 g Spaghetti
- 250 g Kräuterseitlinge
- 2 EL Rapsöl für die Pilze
- 1 EL frische oder getrocknete und geschnittene Rosmarinnadeln
- Salz, Pfeffer
- 1 EL Olivenöl für die Nudeln
- 80 g frisch geriebener Parmesan

So wird's gemacht:

- Spaghetti nach Packungsanleitung bissfest kochen.
- Die Pilze putzen, wenn nötig kurz waschen und danach in dünne Scheiben schneiden. In etwas Rapsöl anrösten.
- Die abgetropften Nudeln mit Rosmarin, Salz, Pfeffer und Olivenöl vermischen und mit den angerösteten Pilzen servieren.
- Zum Schluss noch etwas Parmesan über die Nudeln streuen.

Tipp:
Es können natürlich je nach Saison auch andere Pilze verwendet werden. Kräuterseitlinge eignen sich aber aufgrund der Bissfestigkeit und des feinen Geschmacks besonders gut für dieses Gericht.

Nährwert pro Portion	
Energie	2.540 kJ (610 kcal)
Eiweiß	24,5 g
Kohlenhydrate	88,5 g
Fett	16,8 g

WISSENSBOX: PILZE

* Pilze können einen wertvollen Beitrag zur Aufnahme von Vitamin D leisten.

SAURE SCHWAMMERLN

Zutatenliste für 2 Personen

- **1 Bund Petersilie**
- **250 g Champignons (die braunen Champignons sind noch feiner im Geschmack!)**
- **1 TL Butter**
- **Saft einer Zitrone**
- **150 g Sauerrahm**
- **1 TL Mehl**
- **Salz, Pfeffer**

So wird's gemacht:

- Petersilie waschen und klein schneiden, Champignons putzen und vierteln.
- Etwas Butter in einer beschichteten Pfanne erhitzen und die Petersilie darin anrösten.
- Champignons zugeben und kurz anbraten.
- Mit dem Saft einer Zitrone aufgießen und zugedeckt ca. 10 Minuten sanft köcheln lassen.
- Rahm mit Mehl vermengen (dies macht man, um die Sauce schön zu binden, damit sie nicht zu flüssig bleibt) und unter die Champignons rühren. Noch einmal kurz aufkochen lassen.
- Mit Salz und Pfeffer abschmecken und gleich servieren.

Nährwert pro Portion	
Energie	1.900 kJ (455 kcal)
Eiweiß	12,6 g
Kohlenhydrate	58,2 g
Fett	18,0 g

Tipp:
Zu diesem Gericht können verschiedene Beilagen serviert werden. Gut eignen sich diverse Getreidesorten (z. B. Reis, Amarant, Bulgur oder Quinoa), die auch viele Vitamine (vor allem B-Vitamine) und Mineralstoffe enthalten. Du kannst dazu aber auch Kartoffeln reichen. Falls Du das Gericht mit etwas Fleisch abrunden möchtest, kannst Du Puten- oder Hühnerbrust anbraten und dazu servieren.

SPINAT-KÄSE-NOCKERLN

Zutatenliste für 4 Personen

- 1 Zwiebel
- 1 EL Rapsöl
- 500 g passierter Spinat
- 180 g Mehl
- 180 g Brösel
- 2 EL Milch
- 1 Ei
- 180 g geriebener Käse (z. B. Bergkäse)
- Salz, Pfeffer

So wird's gemacht:

- Zwiebel hacken, in Öl anschwitzen und mit Spinat, Mehl, Bröseln, Milch, Ei, Käse, Salz und Pfeffer zu einer glatten Masse vermischen.
- Salzwasser zustellen und zum Kochen bringen. Mit einem Löffel gleichmäßig Nockerln ausstechen und in das leicht kochende Salzwasser geben. Die Nockerln ziehen lassen, bis sie aufsteigen.
- Vor dem Servieren noch mit etwas geriebenem Käse bestreuen.

Nährwert pro Portion	
Energie	2.380 kJ (570 kcal)
Eiweiß	28,0 g
Kohlenhydrate	68,0 g
Fett	20,0 g

Tipp: Dieses Gericht passt auch gut als Beilage zu Fleischgerichten. Es kann aber auch – beispielsweise mit einem würzigen Tomatensalat – als Hauptspeise genossen werden.

BROKKOLISPÄTZLE MIT EI

Zutatenliste für 2 Personen

- 1 Kopf Brokkoli
- etwas Frühlingszwiebeln (nach Geschmack und Verträglichkeit)
- 2 TL Butter
- 300–400 g Spätzle aus dem Kühlregal
- 3 Eier
- Salz, Pfeffer
- 2 EL geriebenen Bergkäse

So wird's gemacht:

- Den Brokkoli in kleine Röschen teilen, waschen und in leicht kochendem Wasser bissfest kochen. Danach gut abseihen und abtropfen lassen.
- Frühlingszwiebeln hacken, Butter in einer Pfanne erhitzen und die Frühlingszwiebeln darin anrösten. Die Spätzle aus der Verpackung nehmen und in der Pfanne ca. 4 Minuten mitrösten, bis sie eine schöne Farbe bekommen.
- Die Brokkoliröschen dazugeben und kurz miterhitzen. Danach die Eier über das Gericht schlagen und stocken lassen. Verrühren.
- Mit Salz und Pfeffer abschmecken, anrichten und mit Käse bestreuen.

Nährwert pro Portion	
Energie	1.700 kJ (405 kcal)
Eiweiß	24,6 g
Kohlenhydrate	35,0 g
Fett	18,6 g

FRÜHKARTOFFELN MIT KRÄUTERTOPFEN

Zutatenliste für 2 Personen

- 6 mittelgroße, heurige Kartoffeln (diese können mit der Schale gegessen werden)
- etwas Butter
- Salz, Pfeffer
- 2 EL geschnittene Kräuter (z. B. Zitronenthymian, Basilikum, Petersilie und Schnittlauch)
- 250 g Topfen
- etwas Mineralwasser
- 1 EL Estragon- oder Dijonsenf

So wird's gemacht:

- Kartoffeln gründlich waschen und abreiben. Danach in reichlich kochendem Wasser weich kochen. Abseihen und in etwas Butter schwenken. Salzen und pfeffern.
- Kräuter klein schneiden. Den Topfen mit einem Schuss Mineralwasser verrühren, damit er cremig wird, und Senf zugeben.
- Mit Salz und Pfeffer würzen, die geschnittenen Kräuter unterheben und mit den Kartoffeln anrichten.

Nährwert pro Portion	
Energie	1.500 kJ (360 kcal)
Eiweiß	21,3 g
Kohlenhydrate	41,0 g
Fett	11,1 g

Tipp:
Zu diesem Gericht passt hervorragend grüner Salat.

OFENGEMÜSE MIT TSATSIKI, ROSMARIN UND VOLLKORNBROT

Zutatenliste für 2 Personen

- 3 Karotten
- 2 Petersilienwurzeln
- 1 Scheibe Sellerie
- 1 Paprika
- 3 Rispentomaten
- 3 Schalotten
- 3 Knoblauchzehen (nach Verträglichkeit)
- 3 EL Olivenöl
- frischer oder getrockneter Rosmarin nach Geschmack (beachte, dass frischer Rosmarin intensiver schmeckt und Du weniger davon benötigst)
- Salz, Pfeffer
- Tsatsiki (fertig aus dem Kühlregal; magere Sorten bevorzugen)
- 4 Scheiben Vollkornbrot

So wird's gemacht:

- Backrohr auf 180 °C vorheizen.
- Das Gemüse waschen und in ca. 1 cm große Würfel schneiden. Die Rispentomaten waschen, aber nicht schneiden. Die Schalotten schälen und grob zerteilen. Die Knoblauchzehen vierteln.
- Eine ofenfeste Form mit 1 EL Olivenöl bestreichen. Das Gemüse – bis auf die Tomaten! – in die Form einlegen und mit Rosmarin bestreuen. Mit Salz und Pfeffer würzen. Das restliche Olivenöl darübergießen. Sämtliches Gemüse sollte gut mit dem Öl benetzt sein.
- Das Gemüse ca. 50 Minuten im Ofen durchgaren. 10 Minuten vor Schluss die Tomaten dazugeben. Gelegentlich umrühren.
- Mit dem Tsatsiki und frischem Vollkornbrot servieren.

Nährwert pro Portion	
Energie	2.270 kJ (545 kcal)
Eiweiß	25,2 g
Kohlenhydrate	61,5 g
Fett	21,1 g

Tipp:
Variiere beim Gemüse je nach Saison. Um das Gericht gehaltvoller zu machen, können auch Kartoffeln mitgegart werden. Dieses Gericht eignet sich auch als Beilage zu Fleisch und Fisch.

SPINAT-SCHAFKÄSE-STRUDEL

Zutatenliste für 2 Personen

- **500 g tiefgekühlter Blattspinat (es kann auch frischer Blattspinat verwendet werden; in diesem Fall benötigst Du die doppelte Menge)**
- **Salz, Pfeffer**
- **eine Prise Muskatnuss**
- **180 g fettarmer Schafkäse**
- **100 g mageres Joghurt**
- **1 Packung Fertigstrudelteig**
- **1 Ei (zum Bestreichen)**
- **Backpapier**

So wird's gemacht:

- Spinat nach Packungsanleitung auftauen bzw. den frischen Spinat gut waschen und kurz (2 Minuten) in etwas Wasser blanchieren. Spinat mit Salz, Pfeffer und Muskatnuss würzen.
- Schafkäse würfelig schneiden und mit dem Joghurt vermischen.
- Teig ausrollen und mit Spinat belegen. Anschließend die Schafkäse-Joghurt-Masse darauf verteilen.
- Den Strudel zusammenrollen und an den Enden einschlagen.
- Das Ei verquirlen und den Strudel damit bestreichen. Danach den Strudel auf ein mit Backpapier belegtes Backblech legen und an der Oberseite mehrmals mit einer Gabel einstechen.
- Den Strudel im vorgeheizten Backrohr bei etwa 200°C 30 Minuten backen, bis er goldbraun ist.

Nährwert pro Portion	
Energie	1.760 kJ (420 kcal)
Eiweiß	33,7 g
Kohlenhydrate	32,6 g
Fett	15,9 g

Tipp:
Dazu passt hervorragend Tsatsiki, das auch in guter Qualität fertig gekauft werden kann. Alternativ können Tomatensoße und gekochte Kartoffeln gereicht werden.

MILDES KARTOFFELGULASCH

Zutatenliste für 4 Personen

- ¾ kg Kartoffeln
- 1 Zwiebel
- 1 EL Rapsöl
- 2 TL süßes Paprikapulver
- Salz, Pfeffer
- Suppenwürfel/-würze
- 1 TL Majoran
- 150 g Räuchertofu
- etwas Balsamicoessig
- ½ Becher Sauerrahm

So wird's gemacht:

- Kartoffeln schälen und in ca. 3 cm große Stücke schneiden.
- Zwiebel hacken und in heißem Öl 2 Minuten lang anrösten. Die Kartoffeln zugeben und kurz anbraten.
- Den Topf von der heißen Herdplatte nehmen und das Paprikapulver einstreuen und verrühren. Mit Wasser aufgießen, bis die Kartoffeln bedeckt sind. Wieder auf die heiße Herdplatte stellen.
- Mit Salz, Pfeffer, Suppenwürfel/-würze und Majoran würzen und aufkochen lassen. Bei milder Hitze dünsten lassen, bis die Kartoffeln weich sind.
- 5 Minuten vor Schluss Tofu in Würfel schneiden und zugeben.
- Einen Schuss Balsamicoessig zugeben und mit Rahm binden. Dazu wird der Rahm eingerührt und das Gulasch nochmals aufgekocht.

Nährwert pro Portion	
Energie	1.220 kJ (290 kcal)
Eiweiß	11,2 g
Kohlenhydrate	33,1 g
Fett	12,1 g

Tipp:
Falls Du Tofu nicht magst, kannst Du ihn auch durch Putenfleisch ersetzen. Zu diesem Gericht passen ein knackiger grüner Salat und Vollkornbrot.

GERICHTE MIT FLEISCH

BROKKOLI-SCHINKEN-AUFLAUF

Zutatenliste für 4 Personen

- 1 mittelgroßer Kopf Brokkoli (alternativ kann auch Karfiol verwendet werden)
- 150 g magerer gekochter Schinken
- etwas Butter zum Bestreichen der Auflaufform
- 4 Eier
- Salz, Pfeffer
- 4 EL Sauerrahm
- 200 g Joghurt
- 200 g geriebener fettarmer Käse

So wird's gemacht:

- Brokkoli waschen und in kleine Röschen zerteilen. Danach 2 Minuten lang in leicht kochendem Wasser vorkochen. Falls Du einen Dampfgarer besitzt, kannst Du den Brokkoli darin schonend bissfest garen.
- Schinken würfeln, Brokkoli gut abseihen und zusammen mit dem Schinken in eine gefettete Auflaufform füllen.
- Die Eier trennen und den Eischnee mit einer Prise Salz aufschlagen. Die Eidotter mit Salz, Pfeffer, Sauerrahm, Joghurt und der Hälfte des geriebenen Käses aufschlagen. Den Eischnee vorsichtig unterheben.
- Die Eiermasse über den Brokkoli gießen und vorsichtig unterheben. Den restlichen Käse über den Auflauf streuen.
- Den Auflauf bei 180°C im vorgeheizten Backrohr ca. 40 Minuten goldbraun backen.

Nährwert pro Portion	
Energie	1.470 kJ (350 kcal)
Eiweiß	34,1 g
Kohlenhydrate	7,3 g
Fett	20,4 g

Tipp:
Dazu passen hervorragend gekochte Kartoffeln und ein gemischter Salat.

SALTIMBOCCA

Zutatenliste für 4 Personen

- 4 Kalbsschnitzel
- Salz, Pfeffer
- 4 Scheiben Parmaschinken oder Schwarzwälder Schinken
- 4 frische Salbeiblätter
- 4 Zahnstocher
- 2 EL Rapsöl
- 1 EL Zitronensaft
- 1 EL Schlagobers

So wird's gemacht:

- Die Schnitzel waschen, trocknen und klopfen. Danach mit Salz und Pfeffer würzen. Jedes Schnitzel mit einer Schinkenscheibe und einem Salbeiblatt belegen, zusammenrollen und mit einem Zahnstocher befestigen.
- Öl in einer Pfanne erhitzten und die Rouladen rundherum ca. 5 Minuten anbraten, bis sie gar sind. Die Rouladen aus der Pfanne nehmen und warm stellen.
- Bratensaft mit ca. 50 ml Wasser ablöschen und alles nochmals aufkochen lassen. Mit Zitronensaft, Schlagobers und Pfeffer abschmecken, die Rouladen wieder dazugeben und nochmals durcherwärmen.

Nährwert pro Portion	
Energie	1.330 kJ (320 kcal)
Eiweiß	43,4 g
Kohlenhydrate	<1 g
Fett	15,6 g

Tipp:
Zu Saltimbocca passen Spaghetti hervorragend. Wenn Du zudem noch einen Salat bereitest, hast Du ein ausgewogenes Essen gezaubert.

CHILI CON CARNE MIT BULGUR

Zutatenliste für 4 Personen

- 2 EL Rapsöl
- 1 kleine rote Zwiebel
- 400 g mageres Faschiertes
- 3 bunte Paprika (rot, grün, gelb)
- 250 g Cocktailtomaten
- 1 Dose Kidneybohnen
- 1 Dose Mais
- 1 Dose gewürfelte Tomaten
- Salz, Pfeffer
- frische Petersilie nach Geschmack
- 1 Tasse Bulgur

Tipp:
Zu diesem Gericht passt auch Reis hervorragend. Du kannst, um Zeit zu sparen, Schnellkochreis oder Reis vom Vortag verwenden, falls etwas übrig geblieben ist. Wenn Du das Gericht etwas schärfer haben möchtest und das auch gut verträgst, kannst Du eine fein geschnittene Chilischote hinzufügen. Achte aber darauf, dass Du die Samen und die feine Haut in der Schote gut entfernst. Diese sind nämlich besonders scharf.

So wird's gemacht:

- Öl in einer Pfanne erhitzen und gehackte Zwiebel darin glasig dünsten (je nach Verträglichkeit kann auf die Zwiebel natürlich auch verzichtet werden). Das Fleisch zugeben und ca. 3 Minuten anbraten.
- Paprika waschen, würfelig schneiden, zum Fleisch geben und nochmals 3 Minuten mitbraten.
- Cocktailtomaten halbieren. Die abgetropften und gewaschenen Bohnen, den Mais, die gewürfelten Tomaten sowie Cocktailtomaten dazugeben.
- Mit ca. 500 ml Wasser aufgießen und nochmals aufkochen.
- Mit Salz und Pfeffer abschmecken und mit frischer, geschnittener Petersilie anrichten.
- Für den Bulgur zwei Tassen Wasser mit einer Tasse Bulgur in einen Topf geben und etwas salzen. Den Bulgur zum Kochen bringen, umrühren und zugedeckt bei geringer Hitze in 25 Minuten weich kochen.

Nährwert pro Portion	
Energie	2.200 kJ (525 kcal)
Eiweiß	39,2 g
Kohlenhydrate	60,1 g
Fett	13,6 g

LAMMSPIESSE MIT OFENKÜRBIS

Zutatenliste für 2 Personen

- 600 g Hokkaidokürbis
- Backpapier
- Salz, Pfeffer
- 3 EL Olivenöl
- 3 Zweige Rosmarin
- 300 g Lammfleisch (Karree oder Filet)
- 1 grüner Paprika

So wird's gemacht:

- Backrohr auf 200 °C vorheizen.
- Den Kürbis aufschneiden, entkernen und in ca. 2 cm dicke Spalten schneiden. Kürbisspalten auf ein mit Backpapier belegtes Backblech legen, salzen, pfeffern und mit 1 EL Olivenöl beträufeln. Ein paar frische oder getrocknete Rosmarinnadeln darüberstreuen und den Kürbis für ca. 30–40 Minuten ins vorgeheizte Backrohr schieben.
- Fleisch in ca. 3 cm große Würfel schneiden, Paprika waschen und in kleine Quadrate schneiden.
- Auf einen Spieß abwechselnd das Fleisch und den Paprika aufspießen und etwas Rosmarin dazwischenstecken.
- Die Spieße salzen, pfeffern und rundherum in 2 EL erhitzem Olivenöl anbraten.
- Zusammen mit dem Ofenkürbis anrichten.

Nährwert pro Portion	
Energie	1.790 kJ (430 kcal)
Eiweiß	35,5 g
Kohlenhydrate	16,7 g
Fett	24,2 g

Tipp: Dazu passt hervorragend ein leichter Joghurt-Kräuter-Dip.

PAPRIKAHUHN

Zutatenliste für 4 Personen

- 2 EL Rapsöl
- 1 rote Zwiebel (nach Geschmack und Verträglichkeit)
- 400 g Hühnerbrust, geschnetzelt (Du kannst Dir das Fleisch, sofern Du es am gleichen Tag verkochst, direkt im Geschäft schnetzeln lassen, um zu Hause Zeit zu sparen)
- 250 g Champignons
- 2 TL süßes Paprikapulver
- Suppenwürfel/-würze
- 4 EL Rahm
- 1 TL Mehl
- Salz, Pfeffer
- etwas Balsamicoessig

So wird's gemacht:

- Rapsöl in einem großen Topf erhitzen und die gehackte Zwiebel darin anrösten. Sobald sie glasig gedünstet ist, das geschnetzelte Hühnerfleisch zugeben und ca. 4 Minuten anbraten. Geputzte und geschnittene Champignons ebenfalls kurz mitbraten.
- Den Topf von der Herdplatte ziehen und das Paprikapulver einstreuen. Danach mit Wasser aufgießen, bis das Fleisch bedeckt ist.
- Suppenwürfel/-würze zugeben und 15 Minuten sanft köcheln lassen.
- Sauerrahm mit dem Mehl vermischen und danach unter das Paprikahuhn rühren. Dadurch bekommt das Gericht eine schöne Bindung.
- Mit Salz, Pfeffer und etwas Balsamicoessig abschmecken.

Nährwert pro Portion	
Energie	1.040 kJ (250 kcal)
Eiweiß	29,5 g
Kohlenhydrate	6,6 g
Fett	11,5 g

Tipp:

Zu diesem Gericht passen Spätzle hervorragend. Um Zeit zu sparen, können diese aus der Frischtheke direkt gekauft und zu Hause nur kurz angebraten werden. Reiche dazu auch frischen Salat, um der Gemüsebeilage gerecht zu werden. Dieses Gericht hält im Kühlschrank zwei Tage. Du kannst auch großzügig vorkochen und portioniert einfrieren.

PUTENSTEAKS IN PAPRIKASAUCE MIT DILL-GURKEN-SALAT

Zutatenliste für 2 Personen

- 1 Salatgurke
- 1 Bund Dill
- 1 EL Zitronensaft
- 1 EL Estragonsenf
- 1 Prise Staubzucker
- Salz, Pfeffer
- 2 EL Joghurt
- 1 roter Paprika
- 2 EL Rapsöl
- 1 Knoblauchzehe (nach Verträglichkeit)
- 125 ml Gemüsebrühe
- 30 g Sauerrahm
- 300 g Putenbrust

So wird's gemacht:

- Die Gurke schälen, von den Kernen befreien und danach in feine Scheiben schneiden oder hobeln.
- Dill waschen und schneiden. Zitronensaft in eine Schüssel geben und mit dem Senf glattrühren. Eine Prise Zucker, Salz und Pfeffer unterheben und die Marinade mit dem Joghurt und dem geschnittenen Dill vermengen. Danach die gehobelte Gurke unterrühren und zum Durchziehen kaltstellen. Vor dem Servieren den Salat nochmals abschmecken.
- Für die Sauce den Paprika putzen und klein schneiden. In etwas Rapsöl (1 EL) zusammen mit dem gehackten Knoblauch in einer beschichteten Pfanne anschwitzen. Mit Suppe aufgießen und ca. 3 Minuten köcheln lassen. Zum Schluss Sauerrahm einrühren und die Sauce noch 7 Minuten köcheln lassen. Die Sauce pürieren und mit Salz, Pfeffer und etwas Zitronensaft abschmecken.
- Die Putenbruststeaks salzen, pfeffern und in etwas Öl (1 EL) in einer beschichteten Pfanne beidseits anbraten, bis das Fleisch gar ist. Danach zusammen mit der Sauce und dem Salat anrichten.

Nährwert pro Portion	
Energie	1.540 kJ (370 kcal)
Eiweiß	38,0 g
Kohlenhydrate	13,4 g
Fett	17,6 g

Tipp:
Dazu passt Reis hervorragend. Probier auch einmal braunen Reis, Wildreis oder Mix-Korn-Reismischungen.

WISSENSBOX: REIS

* Der ursprünglich aus China stammende Reis wird üblicherweise in einem Schäl- und Polierprozess von Spelzen-, Frucht- und Samenschale befreit. Daraus entsteht handelsüblicher weißer, polierter Reis. Weißer Reis ist nährstoffarm; daher wurde im asiatischen Raum das sogenannte „Paraboiling-Verfahren" entwickelt. Damit Vitamine und Mineralstoffe ins Korninnere wandern können, wird dabei entspelzter, unpolierter Reis mit Wasserdampf behandelt und erst danach poliert. Es entsteht ein ebenfalls von der Farbe her schöner weißer Reis, der aber bedeutend nährstoffreicher ist. Greif daher zu paraboiled Reis anstatt zu herkömmlichem weißem Reis.
* Neben diesen Reissorten gibt es aber noch den sogenannten Naturreis. Dieser wird häufig auch unter den Begriffen Vollreis, Vollkornreis oder brauner Reis verkauft. Hier wird nur die harte Schale des Reiskorns entfernt. Das Silberhäutchen und der Keimling bleiben erhalten. Dies macht den Reis besonders hochwertig. Reis hat zudem den Vorteil, dass er glutenfrei ist. Dies macht ihn auch für Menschen verträglich, die an einer Glutenunverträglichkeit (Zöliakie) leiden.
* Zudem findet sich auf dem Markt auch Dinkelreis, den Du als Alternative durchaus einmal probieren kannst.

PIZZA MIT ZWEIERLEI BELAG

Zutatenliste für 3 Personen

Pizzateig

- ½ Würfel Germ (Hefe)
- 3 EL lauwarmes Wasser
- ¼ TL Zucker
- 250 g Mehl (100 g Dinkelvollkornmehl, 150 g Weizenmehl)
- 1 TL Salz
- 2 EL Öl
- ca. 125 ml lauwarmes Wasser
- Backpapier

Belag

- 4 Kirschtomaten
- 1 EL (kernlose) Oliven
- 4 sonnengetrocknete Tomaten
- 3 Scheiben magerer Schinken
- 2 EL Tomatenmark oder Tomaten-passata
- ½ Gläschen Sardellen
- 100 g geriebener, fettarmer Käse
- getrockneter Oregano

So wird's gemacht:

- Germ in 3 EL lauwarmem Wasser auflösen, Zucker hinzufügen und an einem warmen Ort ca. 15 Minuten aufgehen lassen.
- Mehl mit Salz vermengen. Germ, zimmerwarmes Öl und ca. 125 ml lauwarmes Wasser in einem Glas verrühren und über das Mehl gießen. Anschließend zu einem geschmeidigen Teig kneten und an einem warmen Ort ca. 30 Minuten rasten lassen.
- Den Teig ausrollen und auf ein mit Backpapier belegtes Blech legen.
- Backrohr auf 250°C vorheizen.
- Tomaten und Oliven in Scheiben schneiden, getrocknete Tomaten ebenfalls schneiden. Schinken in Streifen schneiden.
- Den Pizzateig mit etwas Tomatenmark oder Tomatenpassata bestreichen und mit den frischen Tomaten sowie den getrockneten Tomaten und den Oliven belegen. Auf die eine Hälfte des Teiges Sardellen verteilen. Auf die andere Hälfte den in Streifen geschnittenen Schinken legen.
- Käse auf der Pizza verteilen und mit Oregano bestreuen.
- Im vorgeheizten Ofen ca. 15–20 Minuten backen.

Nährwert pro Portion	
Energie	2.200 kJ (525 kcal)
Eiweiß	25,5 g
Kohlenhydrate	56,3 g
Fett	21,6 g

Tipp:

Um Zeit zu sparen, kann auch fertiger Pizzateig oder z. B. fettreduzierter Blätterteig verwendet werden. Du kannst grüne und schwarze Oliven verwenden, wobei die grünen Oliven besser auf die mit Schinken belegte Seite passen und die schwarzen Oliven den Geschmack der Sardellen besonders unterstützen. Dieses Gericht schmeckt auch kalt als Snack hervorragend. Stell es Dir auf einem Teller bereit und iss es in Ruhe, beispielsweise während Du Dein Baby stillst. Serviere zur Pizza auch etwas Salat.

GERICHTE MIT FISCH

LACHS MIT LAUCH UND OFENKARTOFFELN

Zutatenliste für 2 Personen

- **6 heurige Kartoffel**
- **2 EL Olivenöl**
- **Salz, Pfeffer**
- **getrockneter und geschnittener Rosmarin (dieser kann auch frisch verwendet werden; in diesem Fall braucht man etwas weniger, weil er intensiver schmeckt)**
- **2 Lachsfilets (frisch oder tiefgefroren)**
- **2 große Stücke Alufolie**
- **Saft einer halben Zitrone**
- **Salz, Pfeffer**
- **1 Stange Lauch**

So wird's gemacht:

- Kartoffeln gut waschen und mit der Schale vierteln. Olivenöl in eine ofenfeste Form geben und die geviertelten Kartoffeln nebeneinander einlegen. Salzen, pfeffern und mit Rosmarin bestreuen. Wichtig ist, dass die Kartoffeln rundherum von Olivenöl benetzt sind, damit sie nicht trocken werden.
- Kartoffeln im vorgeheizten Backrohr (Heißluft 180°C) unter gelegentlichem Wenden ca. 50 Minuten braten. Prüfe, bevor Du die Kartoffeln herausnimmst, ob sie weich sind.
- Fischfilets waschen, trocken tupfen und auf die Alufolie legen. Das Stück Alufolie muss groß genug sein, um den Fisch darin einwickeln zu können.
- Fisch mit Zitronensaft, Salz und Pfeffer würzen. 1 EL geschnittenen Lauch darüber verteilen. Zum Schluss den Fisch mit wenig Olivenöl beträufeln und mit der Alufolie umschließen, sodass kleine Päckchen entstehen.
- Die Fischpäckchen können zu den Kartoffeln ins Rohr geschoben werden und sind nach ca. 10–15 Minuten fertig.

Nährwert pro Portion	
Energie	2.540 kJ (610 kcal)
Eiweiß	39,8 g
Kohlenhydrate	40,0 g
Fett	31,2 g

WISSENSBOX: ÖLE

* Jedes Öl hat ein anderes Fettsäuremuster. Während Olivenöl im Vergleich zu anderen Ölen einen besonders hohen Gehalt an einfach ungesättigten Fettsäuren aufweist, sind andere Öle wie z. B. Rapsöl, Leinöl und Walnussöl gute Omega-3-Fettsäure-Lieferanten.
* Rapsöl eignet sich z. B. sowohl zum Braten als auch zum Kochen sowie für die Verwendung von kalten Speisen wie beispielsweise Salaten. Leinöl und Walnussöl eignen sich am besten für kalte Speisen bzw. zum Verfeinern von Salaten und sollten nicht erhitzt werden.
* Bau hochwertige pflanzliche Öle wie Olivenöl, Rapsöl, Walnussöl, Sojaöl, Leinöl, Sesamöl, Maiskeimöl, Sonnenblumenöl, Kürbiskernöl und Traubenkernöl sowie Nüsse und Samen am besten abwechselnd in Deinen Speiseplan ein.
* Verwende Streich-, Back- und Bratfette wie Butter, Margarine oder Schmalz und fettreiche Milchprodukte wie Schlagobers, Sauerrahm oder Crème fraîche sparsam.

Tipp:
Zu diesem Gericht passt hervorragend der Joghurt-Dip aus dem Rezept „Gemüsestick mit Dip“ sowie ein grüner Salat. Wenn Du heurige Kartoffeln zur Hand hast, brauchst Du diese nicht zu schälen. Die Schale enthält viele Vitamine und Mineralstoffe. Achte generell beim Einkauf von Fisch darauf, dass dieser das MSC-Siegel für nachhaltige und ökologische Fischerei aufweist.

SAIBLINGSFILET MIT FENCHELSALAT UND PETERSILKARTOFFELN

Zutatenliste für 4 Personen

- **2 Fenchelknollen inklusive Fenchelgrün (je Knolle ca. 350 g)**
- **1 Orange**
- **2 EL Apfelessig**
- **4 EL Olivenöl**
- **Salz, Pfeffer**
- **1 Bio-Zitrone**
- **30 g Pistazienkerne**
- **12 kleine Pellkartoffeln (Wenn Du heurige Kartoffeln nimmst, kannst Du sie auch mit der Schale verwenden. Zuvor gut waschen und abschrubben!)**
- **1 kleiner Bund Petersilie**
- **1 TL Butter**
- **4 Saiblingsfilets**
- **etwas Zitronensaft**

Tipp: Wer den Fenchelsalat nicht ganz roh haben möchte, kann den geschnittenen Fenchel zuvor 3 Minuten in etwas Wasser blanchieren. Kauf bereits ausgelöste Fischfilets – das spart viel Zeit bei der Vorbereitung!

So wird's gemacht:

- Für den Fenchelsalat den Fenchel in dünne Scheiben schneiden und gut waschen. Etwas Fenchelgrün zur Dekoration beiseite legen. Die Orange auspressen und mit dem Apfelessig vermischen. 2 EL Olivenöl unterrühren und mit Salz und Pfeffer abschmecken. Schale der Zitrone abreiben und mit dem Dressing unter den Fenchel mischen. Den Salat zum Durchziehen eine halbe Stunde kalt stellen. Pistazien grob hacken und vor dem Servieren über den Salat streuen.
- Kartoffeln gut waschen und weich kochen. Petersilie gut waschen und schneiden. Fertig gegarte Kartoffeln in ein wenig Butter schwenken, die Petersilie unterrühren und leicht salzen.
- Die Saiblingsfilets mit Salz und Zitronensaft würzen. 2 EL Olivenöl in einer beschichteten Pfanne erhitzen und die Filets darin auf der Hautseite etwa 4 Minuten knusprig braten. Danach die Filets wenden und auch auf der zweiten Seite kurz anbraten.
- Die Fischfilets zusammen mit den Petersilkartoffeln und dem Fenchelsalat anrichten und mit etwas Fenchelgrün dekorieren.

Nährwert pro Portion	
Energie	2.270 kJ (545 kcal)
Eiweiß	41,9 g
Kohlenhydrate	45,1 g
Fett	20,8 g

BACHFORELLE MIT VOGERLSALAT UND KARTOFFELN

Zutatenliste für 2 Personen

- 3 mittelgroße Kartoffeln
- Salz, Pfeffer
- 2 EL Kürbiskernöl
- 2 EL Balsamicoessig
- 1 EL Estragonsenf
- 200 g Vogerlsalat (Feldsalat)
- 2 ausgenommene Bachforellen
- 2 EL Olivenöl

So wird's gemacht:

- Die Kartoffeln weich kochen, schälen und in kleine Würfel schneiden.
- Salz, Pfeffer, Kürbiskernöl, Balsamicoessig und Senf verrühren und über die Kartoffeln geben. Beiseite stellen und durchziehen lassen.
- Vogerlsalat gut waschen und abtropfen lassen.
- Die Forellen sowohl innen als auch außen salzen, pfeffern und mit etwas Öl bepinseln.
- Das restliche Öl in einer Pfanne erhitzen und die Fische von beiden Seiten scharf anbraten. Danach die Hitze reduzieren und ca. 5 Minuten fertig braten.
- Vogerlsalat zu den marinierten Kartoffeln geben und gut durchmischen.

Nährwert pro Portion	
Energie	2.310 kJ (550 kcal)
Eiweiß	40,5 g
Kohlenhydrate	33,7 g
Fett	27,6 g

SÜSSER POLENTAAUFLAUF MIT ZWETSCHKENRÖSTER ODER BEERENSAUCE

Zutatenliste für 2 Personen

Für den süßen Polentaauflauf:

- 200 ml Milch und 200 ml Wasser
- 90 g Polenta
- 3 Eier
- 50 g Zucker
- 1 Pkg. Vanillezucker
- 250 g Magertopfen (Magerquark)
- 1 Bio-Zitrone
- etwas Butter für die Auflaufform

Für den Zwetschkenröster:

- 250 g reife Zwetschken
- 50 ml Wasser
- 1–2 EL Kristallzucker
- 1 Zimtstange
- 2 Gewürznelken
- 1 EL Saft einer Zitrone

oder für die Beerensauce:

- 250 g frische oder tiefgefrorene Erdbeeren oder Himbeeren
- 1–2 EL Staubzucker
- 1 EL Zitronensaft

So wird's gemacht:

- Milch und Wasser aufkochen lassen und die Polenta einrühren. Ca. 5 Minuten leicht köcheln lassen, danach die Herdplatte abdrehen und die Polenta ziehen lassen.
- Eidotter mit Zucker, Vanillezucker, Topfen und Zitronenschale schaumig rühren. Die Eiermasse in die abgekühlte Polenta rühren. Eiklar steif schlagen und vorsichtig unter die Polentamasse heben.
- Polentaauflauf in eine gefettete Auflaufform füllen und im vorgeheizten Backrohr bei 180 °C ca. 45 Minuten goldbraun backen.
- Für den **Zwetschkenröster** Zwetschken entkernen, waschen und grob schneiden. Wasser, Kristallzucker, Zimtstange, Gewürznelken und Zitronensaft aufkochen lassen. Zwetschken zugeben und ca. 35 Minuten gar kochen.
- Für die **Beerensauce** Beeren (z. B. Erdbeeren oder Himbeeren) mit Staubzucker und Zitronensaft aufkochen und mit einem Stabmixer cremig mixen.

Nährwert pro Portion Polentaauflauf	
Energie	2.210 kJ (530 kcal)
Eiweiß	32,0 g
Kohlenhydrate	53,3 g
Fett	20,1 g

Nährwert pro Portion Zwetschkenröster	
Energie	435 kJ (105 kcal)
Eiweiß	<1 g
Kohlenhydrate	23,1 g
Fett	<1 g

Nährwert pro Portion Beerensauce	
Energie	395 kJ (95 kcal)
Eiweiß	1,2 g
Kohlenhydrate	19,6 g
Fett	<1 g

Tipp:
Die Fruchtbeilagen können auf Vorrat gekocht und portioniert eingefroren werden. Bei Zeitmangel kannst Du auch auf ein qualitativ hochwertiges Fertigprodukt zurückgreifen.

HEIDELBEERMUFFINS

Zutatenliste für 12 Muffins

- **150 g Heidelbeeren**
- **80 g Butter**
- **150 g Zucker**
- **2 Eier**
- **250 g fettarmes Joghurt**
- **250 g Dinkelmehl**
- **½ TL Backpulver**
- **12 Muffinförmchen aus Papier**

So wird's gemacht:

- Das Backrohr auf 180°C vorheizen (Umluft 160°C).
- Die Heidelbeeren waschen und gut abtropfen lassen.
- Die Butter mit dem Zucker schaumig rühren. Die Eier nach und nach zugeben und cremig aufschlagen.
- Das Joghurt unter die Masse mischen. Mehl und Backpulver zunächst vermischen und dann ebenfalls unter die Masse heben.
- Zum Schluss vorsichtig die Heidelbeeren unterheben.
- Die Muffins in die Papierförmchen füllen (ca. ¾ voll) und evtl. in ein Muffin-Backblech geben. Solltest Du kein geeignetes Muffingeschirr haben, können die Muffins auch nur im Papier gebacken werden.
- Ca. 20 Minuten backen.

Nährwert pro Stück	
Energie	760 kJ (180 kcal)
Eiweiß	4,7 g
Kohlenhydrate	23,7 g
Fett	7,3 g

APFEL-BLÄTTERTEIG-PLUNDER

Zutatenliste für 4 Personen

- 1 säuerlicher Apfel
- 1 Zitrone
- Zimt
- 1 Lage Dinkelblätterteig oder fettreduzierter Blätterteig
- 50 g Marillenmarmelade
- etwas Milch oder verquirltes Ei zum Einstreichen
- etwas Staubzucker

So wird's gemacht:

- Apfel schälen, Kerngehäuse entfernen, in Spalten schneiden und mit etwas frisch gepresstem Zitronensaft beträufeln. Je nach Geschmack den Apfel mit einer Prise Zimt würzen.
- Blätterteig in 4 Quadrate schneiden und an den Rändern etwas einrollen.
- Die Quadrate mit Marmelade bestreichen und die Apfelspalten darauf verteilen.
- Teig mit etwas Milch oder verquirltem Ei einstreichen.
- Die Plunder im vorgeheizten Backrohr bei 180°C (150°C Umluft) ca. 20 Minuten goldbraun backen.
- Zum Schluss mit etwas Staubzucker bestreuen.

Nährwert pro Portion	
Energie	1.450 kJ (345 kcal)
Eiweiß	3,1 g
Kohlenhydrate	37,0 g
Fett	20,6 g

Tipp: Wenn Du besonders süße Apfelsorten wählst, ist es nicht unbedingt nötig, den Plunder mit Zucker zu bestreuen. Mit Zucker sollte in unserer Ernährung generell sparsam umgegangen werden.

ZWETSCHKEN-HIRSE-KUCHEN

Zutatenliste für 18 Stücke

- **200 g Hirse**
- **1 Zimtstange**
- **½ kg reife Zwetschken**
- **etwas Zitronensaft**
- **4 Eier**
- **100 g Zucker**
- **Salz**
- **70 g Vollkornmehl**
- **2 TL Backpulver**
- **80 g Marillenmarmelade**

WISSENSBOX: HIRSE

* Hirse ist glutenfrei und eignet sich deshalb auch hervorragend für Menschen mit Zöliakie. Dabei enthält Hirse viele Mineralstoffe und kann einen wertvollen Beitrag zu einer ausgewogenen Ernährung leisten. Hirse gehört zu den eisenreicheren Getreidesorten und enthält im Schnitt doppelt so viel Eisen wie etwa Weizen. Um das Eisen aus pflanzlichen Quellen optimal aufnehmen zu können, ist es hilfreich, die Hirse in Kombination mit Lebensmitteln zu genießen, die reich an Vitamin C sind. Dafür sorgen die Zwetschken und der Zitronensaft im angeführten Rezept.

So wird's gemacht:

- Hirse in 400 ml Wasser zum Kochen bringen und nach dem Aufkochen umrühren. Zimtstange zugeben und die Hirse bei schwacher Hitze ca. 5 Minuten quellen lassen. Danach die Zimtstange wieder entfernen.
- Den Backofen auf 180°C (Umluft 160°C) vorheizen.
- Die Zwetschken waschen, entkernen, vierteln und mit etwas Zitronensaft beträufeln.
- Die Eier in einer Schüssel aufschlagen. Danach den Zucker und eine Prise Salz zugeben und nochmals schaumig rühren.
- Mehl mit Backpulver vermischen und anschließend in die Hirse-Eier-Masse einrühren.
- Die Masse auf einem gefetteten Backblech verteilen und die Zwetschkenspalten darauflegen.
- Den Kuchen im vorgeheizten Backrohr ca. 30 Minuten backen.
- Zu guter Letzt die Marmelade erhitzen und auf dem abgekühlten Kuchen verteilen.

Nährwert pro Stück	
Energie	495 kJ (120 kcal)
Eiweiß	3,4 g
Kohlenhydrate	21,4 g
Fett	1,8 g

GETRÄNKE

ZITRONENMELISSE-SOMMERDRINK

Zutatenliste

- Zitronenmelissesirup nach Geschmack
- 1,5 Liter Mineralwasser
- 1 Bund Zitronenmelisse
- 2 Scheiben Bio-Zitrone

So wird's gemacht:

Den Sirup mit Mineralwasser nach Geschmack in einem großen Krug verdünnen. Die gewaschenen Zitronenmelisseblätter sowie die Zitronenscheiben zugeben und mehrere Stunden kalt stellen.

Nährwert pro Portion	
Energie	90 kJ (21 kcal)
Eiweiß	<1 g
Kohlenhydrate	4,8 g
Fett	<1 g

SELBST GEMACHTER EISTEE AUS KRÄUTER- ODER FRÜCHTETEE

Für selbst gemachte Eistees aus Kräutertees können entweder frische Kräuter oder fertige Teemischungen verwendet werden. Besonders schmackhaft ist ein Tee aus Zitronenmelisse. Bei Früchte-Eistees ist auf die individuelle Verträglichkeit zu achten. Manche Tees können sehr sauer sein und werden schlechter vertragen.

Zutatenliste

- **frische Kräuter oder eine fertige Teemischung**
- **1 Liter Wasser**
- **Je nach Geschmack und Vorliebe: etwas Zitronen- oder Orangensaft, 1 Scheibe Ingwer, etwas Honig**

So wird's gemacht:

- Koch einen Liter Tee nach Wahl und lass diesen auskühlen.
- Je nach Geschmack und Vorliebe kann der Tee mit etwas Zitronensaft oder Orangensaft und einer Scheibe Ingwer verfeinert werden. Je nachdem, wie süß Du Deinen Tee gerne hast, kannst Du auch etwas Honig zugeben. Beachte, dass auch Honig einen hohen Kaloriengehalt hat. Geh damit sparsam um. Zu guter Letzt wird der Tee mehrere Stunden gekühlt und kann dann mit oder ohne Eiswürfel serviert werden.

Tipp:
Erfrischend ist es auch, vor dem Servieren eine Scheibe einer unbehandelten Zitrone und evtl. etwas frische Zitronenmelisse oder Minze hinzuzugeben.

REZEPTLISTE

KLEINES KÜCHENLEXIKON

Brösel	Semmelbrösel, Paniermehl
Cocktailtomate	Cherrytomate, Kirschtomate
Eisbergsalat	auch Eissalat genannt
Faschiertes	Hackfleisch
Feta	Schafskäse
Frühlingszwiebel	auch Lauchzwiebel oder Jungzwiebel genannt
Heidelbeeren	Blaubeeren, Schwarzbeeren
Heurige Kartoffeln	Kartoffeln (Erdäpfel) aus der neuen Ernte
Karfiol	Blumenkohl
Kohlrabi	auch Oberkohlrabi, Oberrübe, Rübkohl und Stängelrübe genannt
Lauch	Porree
Kurkuma	ein Gewürz; auch Gelber Ingwer genannt, Gelbwurz
Kräuterseitlinge	eine Pilzart
Marille	Aprikose
Nockerln	Spätzle
Petersilienwurzel	auch Wurzelpetersilie oder Knollenpetersilie genannt
Polenta	Maisgries
Sauerrahm	saure Sahne
Schlagobers	Schlagrahm, Süße Sahne
schnetzeln	in Streifen schneiden
Schwammerl	Pilz, Großpilz, Champignons
Staubzucker	Puderzucker
Tomaten	Paradeiser
Topfen	Quark
Vogerlsalat	Feldsalat
Zwetschken	Unterart der Pflaume
Zwetschkenröster	gedünstete Pflaumen in Kompottform
Weckerl	Brötchen

WEITERFÜHRENDE LINKS UND INFORMATIONEN

www.richtigessenvonanfangan.at
www.hitthaller.com
www.babycouch.at
www.ages.at
www.bmg.gv.at
www.hauptverband.at

WEITERFÜHRENDE BROSCHÜREN UND FOLDER

„Stillen – ein guter Beginn. Informationen für Mütter und Väter" von P. Rendi-Wagner, B. Haferl, A. M. Kern und B. Pietschnig, hg. vom Bundesministerium für Gesundheit. 12., überarbeitete Auflage 2012 (downzuloaden unter www.bmg.gv.at).
„Säuglingsnahrung auf Milchpulverbasis" von: AGES (Österreichischen Agentur für Gesundheit und Ernährungssicherheit GmbH) (Downzuloaden unter www.ages.at).
„Richtig essen von Anfang an! – Babys erstes Löffelchen" (downzuloaden unter: www.richtigessenvonanfangan.at).
Rezeptbroschüre „Richtige Ernährung von Anfang an! Schwangerschaft und Stillzeit" von: AGES (Österreichische Agentur für Gesundheit und Ernährungssicherheit GmbH), BMG (Bundesministerium für Gesundheit) (downzuloaden unter: www.bmg.gv.at).